LA DÉMOLITION
DE
L'ÉGLISE SAINT NICAISE
DE REIMS

(1791-1805)

Documents extraits des Archives de Reims et de Châlons

PAR

A. LEBOURQ

MEMBRE CORRESPONDANT DE L'ACADÉMIE DE REIMS

REIMS
CHEZ ERNEST RENART
LIBRAIRE DE L'ACADÉMIE
5, *Rue du Cadran-Saint-Pierre*, 5

1883

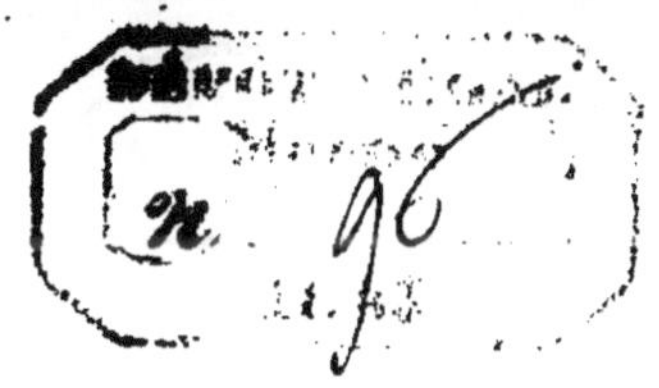

LA DÉMOLITION

DE

L'ÉGLISE SAINT-NICAISE

DE REIMS

LA DÉMOLITION

DE

L'ÉGLISE SAINT NICAISE

DE REIMS

(1791 - 1805)

Documents extraits des Archives de Reims et de Châlons

PAR

A. LEBOURQ

MEMBRE CORRESPONDANT DE L'ACADÉMIE DE REIMS

REIMS

CHEZ ERNEST RENART

LIBRAIRE DE L'ACADÉMIE

5, *Rue du Cadran-Saint-Pierre*, 5

1883

Ceux qui liront les notes réunies dans ce volume comprendront les regrets que les Rémois ont éprouvés lors de la destruction de la célèbre Eglise de Saint-Nicaise.

Ces regrets n'ont jamais cessé d'être partagés par tous les amis des arts.

Des réclamations de l'Administration municipale et des habitants ont été adressées aux autorités qui poursuivaient la vente de ce chef-d'œuvre d'architecture ; ces réclamations ont été impuissantes pour empêcher l'accomplissement de cet acte de vandalisme.

Je prie M. H. Jadart d'accepter le témoignage de ma reconnaissance pour l'obligeant concours qu'il m'a donné pour cette publication.

Extrait du Tome LXXII
des Travaux de l'Académie Nationale de Reims.

Tirage à part : 100 exemplaires
dont 12 sur papier vergé.

L'ÉGLISE SAINT-NICAISE

DE REIMS

Le fleuron de notre couronne est brisé!

Telle dut être la plainte des Rémois qui virent disparaître Saint-Nicaise, et telle est l'expression du regret de tous ceux qui admirent sur les plans la pittoresque perspective du vieux Reims.

Bâti sur la hauteur et dominant, par les flèches élancées de son portail, les tours et les clochers de tant d'autres monuments, le noble édifice était bien le diadème de la cité.

S'il eût survécu à la tourmente, l'opulente ville moderne montrerait avec fierté ses trois grands vaisseaux, édifiés dans les XIe, XIIe, XIIIe et XIVe siècles. C'est à la source sublime de la foi chrétienne, si vive alors, que les hommes de génie s'inspiraient et créaient des chefs-d'œuvre. Reims aurait une part splendide : Saint-Remi, édifié dans les XIe et XIIe siècles, la cathédrale et Saint-Nicaise dans les deux siècles suivants, ensemble magnifique dont aucune autre cité n'offrirait la rencontre. Regrets superflus, sans doute, mais peut-on les interdire à l'historien ou à l'artiste?

L'église de l'évêque-martyr, gardienne des antiques traditions et des sépultures gallo-romaines, avait eu le rare privilège de plaire à tous les temps : on l'appelait *l'élégante basilique*, embellie qu'elle était des riches vitraux et des sculptures du Moyen-Age, décorée à la Renaissance et jusqu'au XVIIIe siècle, des plus beaux types de chaque style.

Elle avait reçu d'illustres visiteurs, et, dans ses derniers jours, elle était surtout chère aux physiciens par son *pilier branlant* et son harmonieuse sonnerie.

Toutes les générations, depuis l'ère chrétienne, avaient eu là un sanctuaire vénéré ; aussi quand ses pierres éparses eurent jonché le sol, quand ses statues profanées furent réduites en moellons, l'imagination populaire crut revoir partout des débris de Saint-Nicaise, et aujourd'hui encore, on reporte à sa ruine la provenance de tous les fragments sculptés qui se retrouvent çà et là. Deux inestimables trésors de l'antiquité rémoise, heureusement sauvés des décombres par des administrateurs intelligents, le tombeau de Jovin et la dalle de Libergier, sont les seules épaves intactes de l'abbaye, les témoins survivants de sa splendeur et de son histoire (1).

Comment ce temple a-t-il disparu? Est-ce aux jours sans pitié de la Terreur, ou dans le calme d'une époque réparatrice? Quelles mains ont accompli sa ruine, et qui a protesté en sa faveur? Ces questions

(1) Pour le portail de Saint-Nicaise, voir la gravure de Nicolas de Son, celle du *Marlot latin*, t. II, p. 612, celle du *Marlot français*, t. III, p. 332 et 334, et pour la description du monument, lire la monographie de M. Nanquette, *Annales de l'Académie de Reims*, t. II, p. 239 ; *Reims pittoresque*, p. 33 et 43 ; *Chronique de Champagne*, t. 4, p. 68; Leauté, *Almanach historique de Reims*, 1772, p. 72, Pluche, *Spectacle de la nature*, t. VII, p. 350.

donnent lieu aux plus étranges confusions, et cependant leurs solutions se trouvent dans nos archives locales, trop peu consultées jusqu'ici. On y lit jour par jour, pendant quatorze ans, les péripéties de l'œuvre destructive. La ville de Reims a constamment résisté aux projets de cette fatale démolition, dont toute la responsabilité pèse sur une bureaucratie subalterne, et plus encore sur la cupidité des traitants et des adjudicataires. Divers ministres, Sieyès, François de Neufchâteau, Lucien Bonaparte ont correspondu pour imposer des sursis. Le *Journal de Paris* et la *Gazette de France* ont recueilli de véhémentes objurgations, et surtout un architecte de Châlons, M. Poterlet, a lutté sans trêve avec son parent pour arracher l'incomparable portail à la pioche et au vandalisme du trop fameux Santerre. Après eux, M. Bourgeois-Jessaint, le futur préfet de la Marne, l'ingénieur Tarbé, tentèrent au moins « de laisser au temps le soin de dessiner une belle ruine. » S'ils avaient réussi, Reims serait fier de la grandiose perspective de ruines monumentales, telles qu'on en admire à Saint-Jean-des-Vignes de Soissons. Vains efforts ! Les adjudications suivirent leur cours, malgré plusieurs déchéances successives, et les Domaines encaissèrent un maigre produit inférieur à la valeur du sol, insignifiant par rapport aux seuls matériaux. Lorsqu'on eut laissé entamer et s'effondrer les parties notables, de 1799 à 1805, on vendit, le 12 août de cette dernière année, moyennant 28,700 francs, les derniers restes du chef-d'œuvre de Libergier, transformé pendant longtemps encore en une immense carrière. Puis les ruines elles-mêmes ont disparu peu à peu, et actuellement, dans le clos qui s'étend sous la butte Saint-Nicaise, cette portion contiguë du rempart si opportunément restée debout, il ne reste rien autre chose qu'un ineffaçable souvenir.

Cette histoire d'une démolition a son éloquence : les dates, les noms, le style du temps, les chiffres surtout, parleront dans les pages qui vont suivre. On y trouvera, dans l'indignation des uns, et dans le mercantilisme des autres, une leçon de patriotisme à l'adresse de ceux qui méconnaîtraient un jour nos monuments nationaux. Plus ils ont souffert, plus l'injure du temps et la main des hommes se sont appesanties sur eux, plus nous devons respecter ceux qui restent et rattachent si majestueusement le passé au présent.

Il est encore des Rémois familiers avec les beautés de Saint-Nicaise, grâce au culte d'une pieuse tradition, qui ne veulent pas se consoler de sa ruine et eussent applaudi à la reproduction fidèle de son image dans l'une de nos églises modernes. Ne pouvant ressusciter l'élégant édifice, ils apprendront du moins comment il est tombé, succombant aux coups d'avides démolisseurs, au milieu des regrets de la population et de la municipalité de Reims.

H. J. et A. L.

DOCUMENTS INÉDITS

Retraçant par ordre chronologique la démolition de l'église Saint-Nicaise

---

CONSEIL GÉNÉRAL DE LA COMMUNE DE REIMS

Séance du 5 mars 1791 (page 87).

M. HURTAULT, maire.
M. DESSAIN, procureur de la commune.

Projet de nouvelles circonscriptions de paroisses.

Le procureur de la commune dit :

Qu'il me soit permis, Messieurs, d'exprimer mes regrets et ceux d'un grand nombre de citoyens, de ce que l'église de Saint-Nicaise, chef-d'œuvre d'architecture gothique, édifice unique dans son genre par la délicatesse et la légèreté de sa construction, édifice qui fait l'admiration de tous les curieux, de tous les étrangers, de tous les grands maitres en architecture, est exposée à être abandonnée et détruite dans peu d'années ; cette église a besoin d'être réparée dans plusieurs endroits, si ces réparations, qui sont urgentes, ne sont pas faites avant peu, elles en occasionneront de plus grandes, dont la dépense rebutera encore davantage, et de là alors la destruction de cette église ; je sais que la ville de Reims n'est pas en état de fournir à ses réparations et à son entretien, mais cet édifice, quoique situé à Reims, ne peut-il pas être considéré comme un édifice national, dont l'entretien doit être à la charge de la nation ? On objectera que la charge serait immense si la nation se chargeait de l'entretien de tous les beaux édifices qui vont être inutiles, mais où est l'édifice du genre, de la beauté et de la délicatesse de l'église de Saint-Nicaise ? en est-il un second dans toute la France qui puisse lui être mis en parallèle, non certainement, l'exception qu'on ferait en faveur de l'église de Saint-Nicaise ne pourrait donc pas tirer à conséquence.

1792, 14 août.

Le médecin et le chirurgien des armées qui ont été chargés de l'examen des emplacements convenables pour y former les établissements d'hôpitaux destinés aux troupes rassemblées dans Soissons, ayant reconnu que l'abbaye de Saint-Nicaise de Reims présentait la facilité d'y établir un hôpital pour cinq à six cents lits... je vous prie de faire mettre ces bâtiments à la disposition de M. Dorly, commissaire des guerres.. ..

Le ministre de la guerre par intérim,

CLAVIÈRE.

19 août 1792.

Le conseil général du district a autorisé M. Poirier, garde-magasin, de faire les arrangements qui lui sont prescrits pour l'établissement d'un hôpital dans l'*église* et les bâtiments de la ci-devant abbaye de Saint-Nicaise....

1793, 13 juin.

Objets de Saint-Nicaise à la Cathédrale.

Lors de la vente des objets détachés de l'église de Saint-Nicaise, les administrateurs de la fabrique de Notre-Dame ont acheté, moyennant 4,450 livres, le maître-autel, le pavé du sanctuaire, en marbre, et les deux portiques en menuiserie.

Cette acquisition avait été faite en 1792.

Archives de Reims *(Carton Culte)*.

CONSEIL GÉNÉRAL DE LA COMMUNE DE REIMS

1793, 4 juillet.

Grille de Saint-Nicaise à Saint-Remi.

Les paroissiens de Saint-Remi demandent la permission de supprimer le Jubé.......... et de faire poser une grille qu'ils ont eu l'avantage d'obtenir à un prix modique et qui provenait de Saint-Nicaise.

CONSEIL GÉNÉRAL DE LA COMMUNE DE REIMS

1795, 26 avril — An III, 7 floréal.

Emploi de Saint-Nicaise.

Sur la demande qui a été faite par le comité des établissements publics .... le Conseil général a dressé la liste de tous les monuments et biens publics comme suit :

. . . .

La ci-devant église de Saint-Nicaise (architecture admirable qui mérite d'être réparée).	Magasins à fourrages.
La maison du ci-devant couvent .	id.

1795, 4 août. Paris. — 17 thermidor an III.

Le Directoire de la commission temporaire des arts, adjoint au Comité d'instruction publique,
A l'Administration du district de Reims.

Citoyens,

La commission temporaire des Arts vous invite à lui donner des renseignements sur le tombeau de Jovin qui existait dans la ci-devant église de Saint-Nicaise de votre ville.

Le Directoire apprendra avec satisfaction que ce monument a échappé au ravage du vandalisme.

Salut fraternel.

Au nom de la commission, les membres composant le Directoire.

ADMINISTRATION MUNICIPALE

1796, 8 septembre. — Séance du 22 fructidor an IV.

Mémoire sur les édifices et établissements à conserver dans la commune de Reims.

CULTE

L'administration municipale de la commune de Reims, après avoir pesé la convenance des localités, la solidité des édifices et l'intérêt même des administrés pour les charges attachées aux établissements du culte, s'attache à la conservation de cinq édifices pour l'exercice du culte dans la ville de Reims et ses fauxbourgs.

1. L'église dite cathédrale.....

2. L'église de Saint-Nicaise. Ce monument, moins vaste et moins pompeux que l'église dite cathédrale, n'en est que plus élégant en architecture, la délicatesse de sa structure, la coupe légère et brillante du vaisseau le font regarder par les artistes comme une merveille dans le genre gothique. L'église est très bonne, ne pèche en ce moment que par sa toiture facile à réparer, sa position, l'embellissement qu'elle procure à la ville de Reims, sa réputation répandue par toute l'Europe demandent hautement sa conservation.

Cette église (Saint-Nicaise), située au haut de la ville, deviendra celle de deux sections populeuses et attachées à leur culte; par cette disposition on rendra à l'utilité publique l'église de Saint-Remi, maintenant occupée par les catholiques, église qui n'a de mérite que par son étendue, dont les arts doivent *rougir*, et qui, transformée en hôpital, serait et plus utile et occupée d'une manière plus convenable à sa position et à ses dispositions intérieures, qui la rendent précieuse pour cet usage.

3. L'église Saint-Maurice.
4. L'église Saint-Jacques.
5. L'église Saint-André.

L'administration municipale, convaincue que les vues *économes* pour l'Etat doivent partout guider ses actions, quand cette économie n'est pas contraire au véritable intérêt des administrés, estime qu'un plus grand nombre d'églises dans Reims serait absolument inutile.

......la maison de Saint-Remi, destinée à être un hôpital...... l'église de cette maison, bâtiment immense, bien couvert et très solide, ayant des galeries dans tout son pourtour, serait convertie en salles vastes, bien aérées, où tous les lits actuels de l'Hôtel-Dieu peuvent être renfermés.

Le passage des troupes étant très fréquent en cette ville, l'administration demande que la maison de Saint-Nicaise, vaste, solide et ne pouvant servir à autre chose, soit conservée pour cet objet.

Cette délibération est signée :

Jobert, maire.
Tronsson-Mopinot.
Marlette.
Dubart.
Legrand-Rigaut.

1796, 26 septembre.

L'Administration municipale de Reims
Au citoyen Représentant.

Nous sommes extrêmement sensibles aux démarches que vous avez faites, tant auprès du citoyen Grandpré, que dans les autres bureaux du ministère. La conversation que nous avons eue avec le citoyen Poulain de Boutancourt va nous mettre à même de vous répondre.

Lorsque nous proposions de laisser subsister Saint-Nicaise pour en faire une caserne..... nous n'avons présenté ce moyen que pour en éloigner la vente s'il était possible....

Quant à la question de savoir si l'on ne pourrait nous accorder Saint-Nicaise pour en faire une maison de détention, le citoyen Poulain de Boutancourt a goûté notre avis à cet égard..... Nous croyons pouvoir insister plus que jamais pour que la maison de Saint-Nicaise soit choisie par le gouvernement pour en faire une maison de détention, d'autant qu'on ne peut trouver un local plus vaste, mieux et plus solidement bâti.....

Nous persistons toujours à demander la suspension de la vente de la maison de Saint-Nicaise pour pouvoir en faire une maison de détention.

ADMINISTRATION MUNICIPALE DE REIMS

1796, 18 octobre. — An V, 27 vendémiaire.

Etat des églises, leur destination et emploi actuel.

Saint-Nicaise, ci-devant couvent d'hommes, magasin militaire. L'église Saint-Remi et la maison étant destinées à l'Hôtel-Dieu, il conviendra de conserver l'église de Saint-Nicaise pour que les citoyens qui exerçaient leur culte à Saint-Remi puissent l'exercer à Saint-Nicaise.

C'est un monument précieux d'architecture légère dont la conservation importe aux arts, et qui n'admet aucune comparaison avec Saint-Remi.

La maison conventuelle joignant l'église est grande et en assez bon état; elle est réservée pour une caserne.

Le département, par son arrêté du 3 vendémiaire, sollicite l'église de Saint-Nicaise pour être rendue au culte, la maison dépendant pour une caserne et Saint-Remi pour l'Hôtel-Dieu.

ADMINISTRATION MUNICIPALE DE REIMS

1796, 22 novembre. — An V, 2 frimaire.

Sollicitude de la municipalité pour Saint-Nicaise.

Le citoyen Poterlet, architecte du département de la Marne, dépose sur le bureau un extrait du registre des délibérations de l'administration départementale du 23 brumaire, an V, et d'une lettre du Ministre de l'Intérieur, du 14 thermidor dernier, portant invitation à l'administration municipale de choisir un architecte, connu pour ses talents, pour donner des renseignements et faire un rapport détaillé sur les églises cathédrales et autres, dont la beauté, l'importance, etc......, peuvent offrir des avantages pour le progrès des arts, pour le culte ou pour quelque objet d'utilité publique.

L'administration fait choix du citoyen Poterlet pour remplir l'objet dont s'agit.

Le citoyen Poterlet expose que l'église ci-devant cathédrale et celle de Saint-Nicaise se trouvent toutes deux, par leur beauté et leur importance, devoir être conservées.

Archives de Reims.

1798, 16 juin. — 28 prairial an VI.

L'an VI de la République française, une et indivisible, le 28e jour de prairial, je soussigné, Pierre Ponsin, expert nommé par l'administration centrale du département, à l'effet de procéder à l'estimation en revenu valeur de 1790. des bâtiments et jardins composant la maison conventuelle de Saint-Nicaise de Reims.

M'étant transporté sur les lieux, conjointement avec le citoyen Paquot, commissaire du pouvoir exécutif près l'administration municipale de Reims, nous nous sommes assurés que le bien ci-dessus désigné existe, qu'il n'est point tenu à loyer, et que depuis l'évacuation des moines il a été constamment occupé par un magasin à fourrage au compte de la République.

J'ai ensuite examiné l'état des bâtiments qui composent la dite maison, les matières de leur construction, la longueur, largeur, hauteur, et j'ai reconnu que le ci-devant couvent de Saint-Nicaise de Reims, déduction faite de l'église et d'un terrain qu'il est nécessaire d'y réunir, occupe une surface de terrain d'environ 22,000 mètres.

Savoir :

Les principaux bâtiments............	2.179	02
Ecuries, remises, celliers............	201	»
Une chapelle gothique servant ci-devant de sacristie.....................	197	40
Cour et cloître.....................	911	»
Jardin et quinconce de tilleuls.......	18.511	58
	22.000	»

Les bâtiments principaux qui composent la dite maison sont :

1° Un bâtiment entre le parvis de l'église et la basse-cour.....

2° Un bâtiment entre la basse-cour et le cloître...

3° Un bâtiment entre le cloître et le jardin.....

4° Un bâtiment entre le cloître et la partie du jardin qui est au levant.....

5° Un bâtiment en retour du troisième et saillant dans le jardin.....

6° Un bâtiment saillant dans le jardin.....

7° Un bâtiment formant le quatrième côté du cloître et adossé au mur de l'église.....

Tous ces bâtiments sont couverts en ardoises et garnis de chanlattes recouvertes de plomb ainsi que les noues et faitages, les murs sont en pierre de taille, crayes et blocailles et très solides, les planchers sont en planches de chêne......

Basse-cour.....

Au levant des bâtiments, près de l'église, est une espèce de chapelle gothique qui servait de sacristie...

Cette maison, comme presque tous les bâtiments *nationaux*, a été dévastée ; un grand nombre de portes, lambris, cheminées ont été enlevés ou volés.

Etc......

Les dits bâtiments et terrains j'estime valoir, dans leur état actuel et eu égard à leur position dans le quartier le plus éloigné des affaires et du commerce, en revenu annuel, la somme de 3,000 francs, valeur de 1790.

Et de tout ce que dessus j'ai fait et rédigé le présent procès-verbal que j'affirme sincère et véritable, après avoir opéré pendant quatre jours.

Signé : PONSIN et PAQUOT.

Archives de Châlons.

1798, 18 juillet.

Au citoyen Grandpré, chef au ministère de l'Intérieur.

Nous venons d'apprendre que l'administration du département se propose de mettre incessamment en vente la ci-devant *église* et bâtiments de Saint-Nicaise de Reims, nous en sommes d'autant plus surpris que jusques à présent son intention avait été de la conserver et même de solliciter des fonds pour son entretien comme monument des Arts dont la conservation était intéressante.

Il y a longtemps qu'il manque dans le département une prison ou maison de détention.....

Il n'est pas possible de trouver un local plus convenable à ce sujet que l'église et la maison de Saint-Nicaise....... il est donc instant d'arrêter la vente de cet édifice......

Nous vous invitons de vous intéresser auprès des ministres pour que les ordres soient donnés de surseoir à cette vente.

Archives de Reims.

1798, 18 juillet.

Le ministre de l'Intérieur, dans sa lettre du 16 pluviôse an IV, dit : Quant à l'établissement des prisons, réclusion et de détention, vous ne vous en occuperez que quand le corps législatif aura statué......

La ci-devant abbaye de Saint-Nicaise, qui contient un grand cloître, de grands bâtiments qui sont très solides, de grandes cours et un vaste jardin. est la maison la plus propre pour y établir cette prison... Cette maison contient de vastes salles voûtées.....

SERRURIER fils.

Archives de Reims.
Liasse : Police, prisons, conciergeries, etc.

1798, 21 juillet. — 3 thermidor an VI.

L'an VI de la République française, le troisième jour de thermidor, je soussigné, Pierre Ponsin, charpentier demeurant à Reims, expert nommé par l'administration centrale et départementale de la Marne, à l'effet de procéder à l'estimation du revenu annuel, valeur de 1790, de la ci-devant église de Saint-Nicaise de Reims, dépendant du domaine national.

M'étant transporté sur les lieux, accompagné du citoyen Paquot, commissaire du Directoire exécutif près de l'administration municipale de Reims, et du citoyen Rolin, receveur des domaines nationaux audit Reims, j'ai examiné la dite église dans toutes ses parties, les matières de sa construction, sa longueur, largeur et hauteur, et mesuré les terrains qui en dépendent, j'ai reconnu que la surface est :

Pour l'église....................	2.612 m.
Pour les terrains en dépendant....	4.152
	6.764 m. ;

que l'église a environ trois cents pieds de longueur, ou quatre-vingt-dix-sept mètres quarante-un centimètres, sur quatre-vingts pieds de largeur, ou vingt-cinq mètres quatre-vingt-seize centimètres ; que la hauteur sous les grandes voûtes est de quatre-vingt-quinze pieds, ou trente mètres quatre-vingt-deux centimètres; que celle du portail, depuis le pavé du parvis jusqu'au sommet des pyramides, est d'environ deux cent cinquante pieds, ou quatre-vingt-un mètres seize centimètres; qu'elle est construite en forme de croix, et terminée au chevet par cinq chapelles.

La construction de cette église date d'environ cinq cents ans, elle est célèbre par la légèreté de son architecture gothique, la belle proportion de ses voûtes et par l'un de ses piliers qui tremblait au mouvement d'une cloche.

Il eût sans doute été à désirer de pouvoir conserver ce chef-d'œuvre d'architecture gothique, dont l'étonnante exécution atteste le génie des architectes du XIIIe siècle; mais depuis fort longtemps l'entretien en a été tellement négligé, qu'en 1784, des architectes ont porté la dépense à faire pour la réparer à 200,000 f.; depuis, les plombs des neaux ont été enlevés, et les eaux des pluies, tombant sur plusieurs parties des voûtes, les ont détrempées, en sorte qu'aujourd'hui elles menacent de s'écrouler; l'entablement et sept à huit assises au dessous, calcinés par les gelées, se sont écroulés dans différents endroits, et ont écrasé les combles des bas-côtés et des chapelles du chevet; les vitraux sont criblés par les pierres qu'on y a jetées; en un mot, cette église est dans un tel état de dépérissement aujourd'hui, qu'il faudrait des sommes énormes pour la réparer, ou plutôt qu'elle n'est plus réparable, et qu'elle ne peut subsister plus longtemps sans courir les risques de s'écrouler d'elle-même.

Elle est construite toute en pierres de taille et pavée de même matière, excepté la partie du chœur, dont le pavé, qui était de marbre, a été vendu. Les joints des pierres des châssis des vitraux et roses vitrales sont coulés en plomb; les pyramides qui couronnent les tours du portail sont en pierres, leur plan forme un octogone régulier, dont trois des côtés, qui sont exposés aux pluies de l'ouest, sont recouverts de lames de plomb.

Toutes les colonnes qui ornent les tours sont maintenues entre elles par une grande quantité de linteaux, agrafes et coliers de fer.

La charpente du comble qui couvre les grandes voûtes est toute en bois de chataignier ; la couverture est en ardoises ; les quatre noues de la croisée et le faite sont recouverts en plomb.

La charpente des combles qui couvre les bas-côtés et les chapelles est en chêne ; la couverture est en tuiles ; la presque totalité des plombs est enlevée ; une partie de ces combles est écrasée par la chute des pierres du parement extérieur de la grande nef.

A cette église sont joints différents terrains en face du portail : un parvis de trente-six mètres de longueur sur dix-neuf mètres cinquante centim. de largeur, donnant sur la place Saint-Nicaise, et séparé de cette place par un mur de clôture, dans le milieu duquel est une grille accompagnée de deux pilastres en pierres. Ce parvis et cette clôture resteront en commun avec la maison conventuelle, dont l'une des entrées et plusieurs croisées donnent sur ledit parvis. Au sud de l'église sont :

1° Un terrain dont l'entrée est sur le parvis, et qui servait de cimetière aux domestiques de la maison, et contient environ treize mètres cinquante centim. de longueur sur onze mètres de largeur ;

2° Un jardin planté d'arbres fruitiers, contenant vingt-trois mètres cinquante centimètres de longueur sur quinze mètres cinquante centimètres de largeur ;

3° Enfin un terrain planté en noyer, entourant la croisée et le chevet de l'église, clos au levant et au midi par deux murs, l'un contre le rempart, l'autre sur la rue Saint-Jean.

Ne peut faire partie de la vente un bloc de marbre sculpté en bas-relief, placé au bas de la nef contre le portail, et connu sous le nom de tombeau de Jovin ; ce morceau, rare par son antiquité, par son travail et par sa masse, contenant cent soixant-huit pieds cubes avant qu'il soit évidé, est un monument à conserver aux arts, et il conviendrait que l'acquéreur de l'église fût tenu de le faire transporter à ses dépens et de le faire placer, de la même manière qu'il l'est à Saint-Nicaise, dans la cathédrale de Reims, ou dans tout autre lieu qui serait jugé plus convenable, en chargeant un artiste de la surveillance de ce transport.

La dite église et terrains en dépendant, tenant au nord à la maison conventuelle...... au levant au rempart, au midi à la rue Saint-Jean et à plusieurs particuliers, et au couchant à la place Saint-Nicaise.

Laquelle église et terrains j'estime valoir dans son état actuel, en revenu annuel valeur de 1790, la somme de 4,000 francs.

De tout quoi j'ai dressé le présent procès-verbal, que j'affirme sincère et véritable, après avoir opéré pendant cinq jours.

Signé : PONSIN et PAQUOT.

Le receveur du Domaine national, soussigné, certifie avoir été présent à l'estimation de l'église, qu'il est de la plus grande urgence de procéder très promptement à son aliénation, en imposant à l'adjudicataire la condition expresse de la faire démolir sous le plus court espace de temps possible ; que cette église, quoique monument des arts, est dans la plus grande vétusté, menace une ruine très prochaine, et n'est pas susceptible d'être réparée.

Reims, 3 thermidor de l'an VI de la République française.

Signé : Raulin.

Vu le présent procès-verbal de visite de l'église St-Nicaise de Reims, qui est un des plus beaux morceaux d'architecture gothique qu'il y ait en France. Le directeur du Domaine, soussigné, considérant que cet édifice ne sert à aucun établissement public; considérant que depuis qu'il est abandonné il se trouve des réparations considérables à faire; considérant d'ailleurs que son entretien serait nuisible aux finances de l'Etat. Le directeur du Domaine national, soussigné, estime qu'il est plus avantageux pour la République de le vendre dans la forme prescrite, sous la réserve du bloc de marbre sculpté, près le portail, qui sera transporté sans dégradations en l'eglise cidevant cathédrale de Reims, comme un monument d'art.....

Châlons, 4 thermidor an VI.

Signé : Bauny.

1798, 29 juillet.

Paris, 11 thermidor an VI.

Aux citoyens Administrateurs de la Municipalité de Reims.

J'ai reçu hier votre lettre datée du 8, j'en ai aussi reçu une de mon collègue Poulain, qui me mande avoir écrit au directeur La Reveillière et au ministre des finances ; je me propose de voir aujourd'hui ce dernier, relativement aux bâtiments de la ci-devant abbaye de Saint-Nicaise... Je désire obtenir le sursis que vous demandez...

Agréez, citoyens administrateurs, les assurances de mon zèle et de mon dévouement.

LEROY.

1798, 9 août.

Châlons, 22 thermidor an VI.

L'Administration centrale du département au Ministre des finances.

Nous possédons dans l'étendue de notre département plusieurs monuments dont la beauté offre des avantages pour les progrès des arts. Parmi ces monuments on distingue l'église Saint-Nicaise de Reims, édifice du XIIIe siècle.

On ne peut se dissimuler combien ces bâtiments sont intéressants à conserver, mais aussi lorsque, d'un côté, l'on considère que les réparations les plus urgentes s'élèvent à 73,251 francs, et que, de l'autre, la situation des finances ne permet pas de tirer du trésor public une somme aussi conséquente... on est tenté de croire que l'aliénation devient préférable...

Nous attendrons votre réponse avant de prendre aucun parti...

Archives de Châlons.

ADMINISTRATION MUNICIPALE DE REIMS.

1798, 24 août. — 7 fructidor an VI.

Rapport fait par le citoyen Serrurier, architecte à Reims, en date du 6 messidor dernier, relatif aux moyens à prendre et à la dépense à faire pour transporter le tombeau de Jovin de l'église de Saint-Nicaise, où il est placé, en l'église de Notre-Dame, duquel il résulte qu'il coûterait environ 600 francs pour ce sujet.

Le Conseil, considérant que le tombeau de Jovin a été de tous tems considéré comme un monument dont la conservation est précieuse pour les arts ; qu'il y aurait risque de le laisser plus longtemps en la ci-devant église de Saint-Nicaise, où il y a été élevé ; que dès lors il y a nécessité de le transférer dans un endroit plus sûr et mieux exposé à la vue des amateurs ; que l'église ci-devant Notre-Dame est le lieu le plus commode, mais que les moyens de l'administration ne lui permettent pas de subvenir à cette dépense : il a été arrêté de faire une adresse à l'administration du département pour l'inviter à subvenir à cette dépense.

1798, 3 octobre. — 13 vendémiaire an VII.

Copie de la lettre du Directeur de l'Enregistrement et des Domaines.

Au citoyen Bauny, directeur à Châlons.

Paris, 13 vendémiaire an VII.

Nous vous avons marqué, citoyen, par notre lettre

du 6 courant, en réponse à la vôtre du 26 fructidor, etc.....

Le ministre a adopté notre opinion à cet égard par sa décision du 6 courant; en conséquence, l'administration centrale sera autorisée incessamment à faire procéder à la vente de cet édifice et des terrains en dépendant...

Signé : Viot, Bochet et Poissant.
Pour ampliation,
Bauny.

Archives de Châlons.

1798, 30 octobre.

Châlons, 9 brumaire an VII.

Je soussigné, Eustache-Joseph-Maximilien Le Brun, domicilié à Paris, déclare à l'administration centrale du département de la Marne, être dans l'intention d'acquérir les bâtiments composant la maison conventuelle de Saint-Nicaise de Reims, ensemble l'église attenant.... et d'en payer. conformément à la loi du 26 vendémiaire dernier, six fois le revenu, qui est de 7,000 francs, faisant un capital de 42,000 francs....

Le Brun.

Archives de Châlons.

1798, 12 décembre. — 22 frimaire an VII.

Administration municipale de Reims.

Le citoyen Président expose qu'il vient d'être adressé par le département une affiche de vente de domaines nationaux, indiquant pour le 4 nivôse prochain l'adjudication définitive des cour, jardin et église de la maison conventuelle de Saint-Nicaise, le tombeau de Jovin, morceau très estimé des curieux, et qui, eu égard à sa beauté et à son ancienneté, devait être conservé, il proposait qu'il fût adressé des observations à ce sujet au département, et qu'il fût invité, lors de la vente de cette église, à faire insérer une clause qui chargeât l'adjudicataire de faire transporter à ses frais le tombeau dans tel endroit de la commune que lui indiquerait l'administration.

Le Conseil adopte ces propositions.

1798, 13 décembre.

Reims, 23 frimaire an VII.

Les Administrateurs de la municipalité de Reims aux Administrateurs du département de la Marne.

Vous nous avez adressé dernièrement le n° 4 d'une vente de biens nationaux. Nous avons reconnu que le 4 nivôse prochain il allait être procédé à l'adjudication définitive des bâtiments, jardins et église de la maison ci-devant conventuelle de Saint-Nicaise. - Nous avons une observation à vous faire, que nous vous invitons à prendre en considération.

Il existe dans l'église de Saint Nicaise le tombeau de Jovin, morceau très estimé des curieux, et qui, eu égard à sa beauté, doit être conservé..

Nous vous invitons, en conséquence, lors de la vente de cette église, à faire insérer dans cette adjudication une clause particulière qui charge l'adjudicätaire de faire transporter à ses frais, dans tel endroit de la commune qui lui sera indiqué...

Salut et respect.

GALLOTEAU-CHAPPRON.
DAUPHINOT-LAJOYE.
AUBRIÉ.

Archives de Châlons.

1798, 15 décembre.

Extrait d'une lettre écrite de Châlons, le 25 frimaire an VII, par M. Poterlet, architecte à Châlons, à son parent, M. Poterlet, sous-chef de bureau au Ministère de l'intérieur.

Je vous dirai pour nouvelle, mais pour nouvelle qui met en deuil les amis des arts, que sur la demande du ministre des finances, on vient de mettre en vente la superbe église de Saint-Nicaise; c'est un nouvel acte de vandalisme qui déshonore le département de la Marne et le nom français ; si cela continue, je ne serai pas étonné que la ci-devant cathédrale de Reims n'éprouve bientôt le même sort.

Archives de Reims.

1798, 19 décembre.

Châlons, 29 frimaire an VII.

Prudhomme, capitaine de génie en chef dans le département de la Marne
A l'Administration centrale de la Marne.

Vos affiches, en date du 11 frimaire, annoncent, pour le 4 nivôse prochain, l'aliénation de l'église et de la maison dite de Saint-Nicaise de Reims.

J'ai l'honneur de rappeler à l'administration que ces locaux ont toujours été compris, depuis la guerre, dans le nombre de ceux affectés au service militaire, et que cette maison renferme des fourrages et est occupée pour le même service....

Je vous invite à surseoir à la vente jusqu'à ce que le sous-directeur des fortifications de Sedan vous ait mis à même de connaître s'il a approuvé mon travail, et si vous pouvez demander l'aliénation de ce bâtiment.

Salut.

PRUDHOMME.

Archives de Châlons.

1798, 24 décembre. — 4 nivôse an VII.

Les bâtiments de la maison conventuelle et l'église de Saint-Nicaise de Reims ont été adjugés à Jean-Simon Defienne, de Paris, moyennant la somme de 2,001,000 francs.

Archives de Châlons.

1798, 28 décembre.

Paris, 8 nivôse an VII.

Le Ministre des finances aux Administrateurs de la Marne.

J'ai reçu dans son temps, citoyens, la lettre que vous m'avez écrite le 22 thermidor dernier, ainsi qu'un procès-verbal d'expert, contenant la proposition d'aliéner la ci-devant église de Saint-Nicaise de Reims.

J'ai communiqué ces deux pièces à la régie de l'Enregistrement et du Domaine national, et, après son rapport, je les ai transmises au ministre de l'intérieur pour connaître son opinion....

Tout doit donc demeurer indécis par rapport à l'édifice dont il s'agit...

Je vous prie, citoyens, de me donner promptement la certitude que vous différerez la vente jusqu'à ce qu'un parti définitif puisse être adopté...

Le ministre des finances,

DE RAMEL

Archives de Châlons.

1799, 5 janvier.

Châlons, 16 nivôse an VII.

Au Ministre des finances.

D'après la lettre que nous avons eu l'honneur de vous écrire le 22 thermidor dernier, relativement à la nécessité urgente qu'il y avait d'aliéner la ci-devant *église* de Saint-Nicaise de Reims, les registreurs de l'Enregistrement et du Domaine national ont fait part au directeur de Châlons, par une lettre du 13 vendémiaire suivant, que vous aviez décidé le 6 du dit mois, et conformément à leur opinion, que cet édifice serait vendu.

Le directeur du Domaine nous ayant fait part de cette décision par sa lettre du 15 vendémiaire, nous avons, en conséquence, mis cette église en vente avec les bâtiments en dépendant, cela le 4 de ce mois, elle a été adjugée moyennant la somme de 2,001,000 fr.

Depuis longtemps l'entretien de cette église avait été négligé.... il en est résulté que cet édifice est venu dans un état de dépérissement tel, qu'il ne peut subsister plus longtemps sans qu'il ne s'écroule de lui-même...

Au jour indiqué pour la vente, *nombre de citoyens, venus de très loin*, se sont présentés pour enchérir, ils en ont requis la mise en vente; alors, pour ne point entraver le service militaire, l'administration a pris le parti d'imposer à l'adjudicataire la condition qu'il n'entraverait la jouissance du tout, et sans qu'il puisse exiger d'indemnité, qu'après que le ministre de la guerre en aurait fait la remise au Domaine national.

C'est à cette condition que l'adjudication a été faite...

Si nous avions reçu votre lettre du 8 de ce mois avant la vente, nous nous serions empressés de nous y conformer, mais, sous la foi de votre décision du 6 vendémiaire, nous en avons fait l'adjudication, et nous espérons que vous ne ferez aucune difficulté de la maintenir.

Salut et respect.

Archives de Châlons.

1799, 5 janvier.

Châlons, 16 nivôse an VII.

Au Ministre de la guerre.

Nous avons procédé, le 4 de ce mois, à la vente du bâtiment et de l'*église* de Saint-Nicaise de Reims.

Le 29 frimaire, le capitaine du génie à la résidence de Châlons, nous a instruits que cette portion du

Domaine national était affectée au service militaire, mais qu'elle devait être incessamment remise par vous au ministre des finances.

Instruits trop tard pour empêcher la vente, sollicitée par *grand nombre de citoyens venus de très loin*, nous avons cru devoir, pour ne point nuire au service militaire, imposer à l'adjudicataire la condition de ne pouvoir jouir du tout qu'après la remise qui est sollicitée près de vous par les agents militaires.

Nous vous prions donc, citoyen ministre, d'effectuer cette remise le plus incessamment possible, et l'état de dépérissement de ces bâtiments rend la jouissance de l'adjudicataire très nécessaire, car nous avons la certitude que la plus grande partie des bâtiments peut à chaque instant s'écrouler d'elle-même.

Salut et respect.

Archives de Châlons.

1799, 6 janvier. — 17 nivôse an VII.

Jean-Simon Defienne verse au receveur des biens nationaux 50,440 fr., valeur numéraire, en trois rescriptions de la Trésorerie provenant du tiers consolidé, à valoir sur le prix d'une acquisition d'une maison dite la Rotonde du Temple, acquise par ledit Defienne.

1799, 28 janvier. — 9 pluviôse an VII.

Quittance de 39,560 fr. que Defienne verse en l'acquit et des deniers du citoyen Santerre, et pour même cause.

1799, 17 février. — 29 pluviôse an VII.

Le receveur des biens nationaux reconnaît avoir reçu de Jean-Simon Defienne, en l'acquit du citoyen Santerre, 47,200 fr., et pour même cause. Cette somme provient d'un bon de la caisse générale en remplacement de 2/3 à 2 fr. les 100 fr., conformément à l'autorisation du ministre, et elle représente 2,360,000 effets publics pour complément du prix d'une maison dite la Rotonde du Temple...

Archives de Châlons.

ADMINISTRATION MUNICIPALE DE REIMS.

1799, 11 janvier. — 22 nivôse an VII.

Lettre du citoyen Raulin, receveur du Domaine national à Reims, du 21 de ce mois, contenant l'avis à l'administration municipale que le ministre des finances a suspendu la vente de l'église de Saint-Nicaise jusqu'à ce que celui de l'intérieur, consulté sur l'utilité de sa conservation, se soit expliqué. Que le directeur du Domaine, en l'informant de cette décision, le charge de se concerter avec l'administration pour empêcher l'acquéreur de faire aucune démolition ni dégradation à cet édifice avant que le ministre ait prononcé.

Le Conseil arrête qu'il sera écrit au citoyen Wiart, commissaire de police de l'arrondissement, pour qu'il ait à veiller à ce qu'il ne soit fait aucune démolition ni dégradation aux bâtiments dont s'agit.

GALLOTEAU-CHAPPRON,
Maire, président.

1799, 12 janvier. — 23 nivôse an VII.

L'Administration municipale de Reims au citoyen Wiart.

Nous apprenons qu'encore bien que l'église de Saint-Nicaise soit vendue, il y a néanmoins suspension à l'exécution de la vente jusqu'à ce que le ministre de l'intérieur se soit expliqué, et nous sommes chargés de veiller à ce qu'il ne se fasse aucune démolition... Nous vous invitons à prendre toutes les précautions nécessaires pour que la surveillance dont nous vous chargeons ne soit pas compromise.

1799, 21 janvier. — 2 pluviôse an VII.

M. Poterlet de Châlons à M. Poterlet de Paris.

Il n'est pas vrai que les voûtes de l'église Saint-Nicaise soient tombées; il n'est pas plus vrai que son comble soit en l'air : l'imposture a seule répandu ce faux bruit, et le fameux Santerre, s'il est aussi bon républicain que bon français, devrait être le premier à laisser tomber ce monument de lui-même plutôt que de le démolir, s'il n'en était pas ordonné autrement. La ci-devant abbaye, dont les bâtiments sont absolument neufs, le terrain en dépendant qui est très considérable, l'église enfin qu'on y a réunie, tout cela n'a été vendu que 45,000 francs écus, et il y a plus de six cent mille pieds cubes (ancienne mesure) de pierres de taille à retirer, et ce, dans un pays où le pied se paye 1 franc communément. Il y a donc lésion évidente contre les intérêts du Trésor public.

Reims, Arch.

1799, 23 janvier. — 4 pluviôse an VII.

Le Ministre des finances
Aux Administrateurs du département de la Marne.

Le ministre de la guerre vient de me faire connaître, par sa lettre du 18 du mois dernier, que d'après les observations qui lui ont été faites sur l'inutilité pour le service militaire de la ci-devant église Saint-Nicaise à Reims, il se détermine à en faire la remise...

Le Ministre des finances,
De Ramel.

Archives de Châlons.

26 janvier 1799.

Châlons, 7 pluviôse an VII.

Au citoyen Defienne, à Paris.

Nous vous prévenons, citoyen, que le ministre des finances, par sa lettre du 4 de ce mois, nous donne avis que le ministre de la guerre s'est déterminé à lui faire la remise de l'église Saint-Nicaise de Reims, dont vous êtes adjudicataire.

Ainsi la clause insérée au cahier des charges de votre adjudication, qui suspendait votre jouissance, cesse d'avoir son effet; vous entrerez donc en possession effective en justifiant du payement que vous avez dû faire, aux termes des lois.

Archives de Châlons.

1799, 26 janvier.

Châlons, 7 pluviôse an VII.

A l'Administration municipale de Reims.

Lors de la vente du bâtiment et de l'église Saint-Nicaise de Reims, il avait été stipulé que l'adjudicataire n'entrerait en possession qu'après la remise effectuée par le ministre de la guerre au ministre des finances.

Cette remise vient d'être faite... ainsi nulle opposition à faire aux adjudicataires...

D'après une clause, le tombeau de Jovin doit être enlevé et conduit aux frais de l'adjudicataire dans un local que vous indiquerez...

Salut et fraternité.

Archives de Châlons.

1799, 31 janvier. — 12 pluviôse an V·II

Administration municipale de Reims.

Le président donne lecture d'une lettre du département du 7 de ce mois de pluviôse, par laquelle il prévient l'administration que, lors de la vente des bâtiments et église de Saint-Nicaise, il avait été imposé à l'adjudicataire la condition de ne pouvoir entrer en jouissance qu'après la remise qu'en devait faire le ministre de la guerre au ministre des finances. Cette remise venant d'être faite, ainsi que le ministre en donne avis par sa lettre du 4 de ce mois, il ne se trouve aucune opposition à faire aux adjudicataires..,

Que d'après une autre clause, le tombeau de Jovin doit être enlevé et conduit, aux frais de l'adjudicataire, dans un local que l'administration est tenue d'indiquer... sous la surveillance de l'ingénieur ordinaire du département.

Le Conseil arrête d'écrire au citoyen Wiart, commissaire de police, à l'effet de l'inviter à surveiller à ce qu'il ne soit fait à cet édifice aucune dégradation...

1799, 16 février. — 28 pluviôse an VII.

Le Ministre de la guerre

Aux Administrateurs du département de la Marne.

J'ai reçu votre lettre du 16 nivôse dernier.... Je vous donne avis que le 18 de ce mois de nivôse j'ai fait à mon collègue, le ministre des finances, la remise des bâtiments et de l'église de Saint-Nicaise de Reims....

Archives de Châlons.

1799, 27 février — 9 ventôse an VII.

Le conservateur des Hypothèques de Paris certifie qu'il n'a été requis aucune inscription, etc... sur Antoine Joseph Santerre, ancien brasseur.

Signé : HUA.

Archives de Châlons.

1799, 5 mars.

Châlons, 15 ventôse an VII.

Citoyen Ministre,

Nous avons reçu votre lettre du 28 pluviôse dernier, par laquelle vous nous donnez avis que dès le 18 nivôse vous avez remis à la disposition du ministre des finances les bâtiments et l'église Saint-Nicaise de Reims, par nous vendus le 4 dudit mois.

Nous avons prévenu l'adjudicatairé de cette remise.

Archives de Châlons.

1799, 6 mars.

Châlons, 16 ventôse an VII.

Citoyen Ministre,

Par votre lettre du 4 pluviôse dernier, vous nous donnez avis que le ministre de la guerre vous a fait la remise du bâtiment et de l'église Saint-Nicaise de Reims....

Ces bâtiments, dépérissant tous les jours, et étant dans un délabrement tel, qu'il faudrait des sommes immenses pour les réparer, nous avons, après les affiches voulues, procédé à leur aliénation le 4 nivôse, ainsi que nous vous en avons prévenu par notre lettre du 16 dudit mois.

Archives de Châlons.

ARCHIVES DÉPARTEMENTALES.

1799, 8 mars. — 18 ventôse an VII.

Le Ministre de l'Intérieur
aux Administrateurs du département de la Marne.

Des réclamations m'ont été adressées sur la vente qui a été faite de la ci-devant église de Saint-Nicaise de Reims, fameuse par la beauté de son architecture dans le genre gothique.

Tous les renseignements que je me suis procurés à ce sujet s'accordent à prouver qu'elle est du nombre des monuments qu'il est intéressant de conserver pour la prospérité de votre département, la gloire de la nation et l'honneur des arts. Je viens d'inviter mon collègue le ministre des finances à résilier la vente qui en a été faite.

Les circonstances ne permettent pas de pourvoir aux dépenses de la restauration de cet édifice, mais les artistes que j'ai consultés pensent que rien n'empêche de la laisser subsister provisoirement telle qu'elle existe, à l'instar des monuments qui nous restent des Romains.

Comme il me paraît nécessaire de la distraire des domaines de la ci-devant abbaye, je vous invite à m'adresser un plan du local sur lequel je puisse faire indiquer l'isolement.

Salut et fraternité.

François (de Neufchateau).

Le chef de la 3e division,

Le Camus.

Copie de cette lettre a été envoyée, le 22 ventôse an VII, à l'ingénieur en chef du département de la Marne.

1799, 9 mars. — 19 ventôse an VII.

A l'Administration municipale de Reims.

Jean-Simon Defienne, demeurant à Paris, cour des Fontaines, palais Egalité, division de la Butte des Moulins, adjudicataire, le 4 nivôse dernier, du ci-devant couvent et église Nicaise à Reims, fait sa soumission de payer la contribution foncière à dater du jour de son adjudication.., eu égard à leur état de dépérissement .. et désirant faire abattre les dits bâtiments et église Nicaise, présente pour sa caution solvable le citoyen Antoine-Joseph Santerre, propriétaire, demeurant à Paris, rue du Harlai, division de l'Indivisibilité ... lequel citoyen Santerre accepte et s'oblige solidairement avec le dit Defienne au payement des quatre derniers sixièmes et partie du cinquième sixième du prix de la dite adjudication, montant à environ 1,665,000 de deux tiers mobilisés ou effets équivalants représentant aujourd'hui environ 20,000 fr. (vingt mille francs) numéraire.

Santerre élit domicile à Reims, à l'auberge de la Pomme-d'Or.

Signé : Le Brun et Santerre.

Archives de Châlons.

1799, 11 mars. — 21 ventôse an VII.

Vu par l'administration municipale de Reims... la demande ci-dessus .. dit que c'est à l'administration du département qu'il appartient d'accorder l'autorisation s'il y a lieu....

L'administration municipale n'ayant aucun moyen à opposer pour empêcher la démolition demandée, renvoi le pétitionnaire à se pourvoir à l'administration du département...

L'administration municipale réclame l'exécution des clauses de l'adjudication .. qui obligent l'adjudicataire de remettre à sa disposition le tombeau de Jovin, qui se trouve dans l'église de Saint-Nicaise.

Archives de Châlons.

1799, 17 mars.

Châlons, 27 ventôse an VII.

Vu la pétition du citoyen Defienne, acquéreur des bâtiments et église Saint-Nicaise....

L'administration centrale accepte le citoyen Santerre, domicilié à Paris, pour caution.

Autorise le citoyen Defienne à faire démolir les objets compris en son acte du 4 nivôse dernier... sous la réserve de ne pouvoir... démolir la ci-devant église, sur laquelle le ministre de l'intérieur a soumis des observations à celui des finances... jusqu'à décision à intervenir.

1799, 9 avril. — 20 germinal an VII.

Rapport de l'ingénieur ordinaire des Ponts et chaussées de l'arrondissement de Reims, sur la ci-devant église de Saint-Nicaise.

Le ministre de l'intérieur a donné une nouvelle preuve de son amour pour les arts... en faisant prononcer la résiliation de la vente qui avait été faite de la ci-devant église de Saint-Nicaise de Reims,

Pour répondre aux intentions du ministre, je me suis empressé de lever un plan exact de ce bel édifice et des bâtiments environnants.

Je me réserve de rapporter sur une plus grande échelle les détails du plan et différentes parties de coupes ou d'élévations...

On reproche à quelques églises de ne présenter que des formes bizarres... Si dans d'autres monuments du même âge on ne trouvait pas un accord sublime, une précision admirable et une symétrie rigoureuse qu'on ne peut attribuer au hasard. Ces trois qualités se rencontrent surtout à Saint-Nicaise... les beautés de ce temple sont assez connues pour dédaigner de nouveaux hommages...

Etat actuel de l'édifice.

Les magasins militaires qu'on avait formés ont causé peu de dégâts. C'est principalement à l'enlèvement des plombs qu'il faut attribuer les plus grands ravages du tems. Les eaux ont filtré de toutes parts et imprégné les voûtes que la gelée a attaquées ensuite... Ces voûtes sont en fort mauvais état... On ne pourrait se flatter de subvenir aux simples frais d'entretien qu'après avoir fait une forte réparation, que les circonstances ne semblent pas permettre, ce serait d'ailleurs fournir un aliment au fanatisme, car dans les départements on trouve peu de véritables amateurs des arts, et le plus grand nombre se méprendrait sur les véritables intentions du ministre. Ce fut donc une belle idée que d'exprimer le désir de laisser agir le tems dont la faux destructive frappera indistinctement et produira d'heureux hasards. J'observerai que les deux tours du portail sont très solides et n'annoncent aucun dépérissement prochain. Les murs et piliers de l'église sont également bons, on n'a donc à redouter que le mauvais état des voûtes... on n'a pas à craindre que la chute d'une portion entraîne la masse entière.

Le simple entretien de la toiture coûterait par an près de 4,000 fr... et ne prolongerait pas de beaucoup la durée de l'édifice... on revient à l'idée de laisser au tems le soin de dessiner une belle ruine... mais, dans cette hypothèse, il faut isoler le monument pour éviter les accidents et donner aux étrangers la facilité d'en admirer l'ensemble et les détails...

Quel que soit le sort réservé à ce monument, je dois observer qu'à l'entrée de la nef on remarque la tombe de l'architecte, et il est à désirer que l'on prenne les précautions convenables pour conserver les derniers restes de ce grand homme.

A Reims, le 20 germinal an VII.

TARBÉ.

Archives de Châlons.

ARCHIVES DÉPARTEMENTALES.

1799, 12 avril. — 23 germinal an VII.

Le rapport ci-joint de l'ingénieur ordinaire que j'ai chargé de faire le plan de l'église de Saint-Nicaise de Reims et de ses abords, par ma lettre du 22 ventôse dernier, et qu'il me renvoie aujourd'hui, me paraît bien fait et contient sur cet édifice des remarques importantes... Je me permets, en peu de mots, de dire que ce monument mérite de passer à la postérité sous tous les rapports possibles et singulièrement par l'élégance de ses formes, la hardiesse et la légèreté qui distinguent son ordonnance et son exécution....

Châlons, 23 germinal an VII.

HURAULT.

Archives de Châlons.

1799, 17 avril. — 28 germinal an VII.

Santerre aux Administrateurs du département de la Marne.

Dans la bibliothèque de la maison Nicaise à Reims existait un plancher... une partie de ce plancher a été relevé pour contenir de l'avoine... ces objets étaient scellés dans le mur, nous les avons regardés comme faisant partie de la maison... Je fis reconnaitre au citoyen Tronsson, garde-magasin, que ces objets étaient dégradés...

Le même jour, les administrateurs généraux écrivaient au citoyen Santerre, ex-général... Vous devez retirer de l'administration centrale un certificat attestant que ces objets font partie de la vente... qu'ensuite vous requerriez, de concert avec M. Tronsson du Coudray, le commissaire des guerres...

Archives de Châlons.

1799, 25 avril. — 6 floréal an VII.

Le soussigné observe que l'église a été adjugée au citoyen Defienne et dont la démolition suspendue ne doit pas être moins conservée par lui... que l'église a été dépavée pour mettre à Notre-Dame de

Reims, que le milieu a été fracassé par les voitures de fourrages et par les pierres qui tombent de la voûte... qu'une partie des côtés privés des goutières de plomb qu'on a volé....

Defienne acquéreur par une vente qu'aucun ministre ne peut annuler...

Santerre observe qu'il n'a pas détérioré l'église, mais bien conservé la propriété de Defienne... ce qui a déterminé à faire lever les carreaux, c'est l'excessif mauvais temps qu'il a fait, ayant soixante ouvriers qu'il fallait renvoyer, hommes sans pain la fabrique n'allant pas, j'ai cru devoir céder à leur supplique en les faisant travailler à couvert.

SANTERRE.

Archives de Châlons.

ADMINISTRATION MUNICIPALE DE REIMS.

1799, 26 avril. — 7 floréal an VII.

Le citoyen président donne connaissance d'un procès-verbal dressé par le citoyen Wiart, commissaire de police, chargé par l'administration de veiller à ce qu'il ne soit fait aucune dégradation ni démolition à la ci-devant église Nicaise, duquel il résulte qu'instruit qu'on y portait atteinte, il s'y est rendu et a reconnu que tout le pavé de l'église était levé, qu'une partie avait déjà été enlevée ainsi que les pierres de longueur servant de pavé, et qu'on découvrait l'église sur un des côtés.

L'administration considérant que, par lettre des citoyens administrateurs du département du 7 pluviôse dernier, elle a été chargée de veiller à ce que l'adjudicataire des bâtiments et église de Saint-Nicaise ne fasse aucune démolition ni détérioration aux dits bâtiments qu'après y avoir été autorisé.

Que, par l'arrêté du 23 ventôse, qui, en acceptant le cautionnement du citoyen Santerre, autorise le citoyen Defienne, adjudicataire, à démolir les objets compris en son acte de vente, à la condition néanmoins de ne pouvoir en aucune manière démolir la ci-devant église, qu'après la décision à intervenir sur les observations du ministre de l'intérieur, que l'enlèvement du pavé et de la couverture ne peuvent qu'accélérer et rendre très prochaine la ruine de l'édifice, il a été arrêté d'informer l'administration du département et de lui adresser le procès-verbal dressé par le citoyen Wiart.

1799, 27 avril. — 8 floréal an VII.

Les Administrateurs de la municipalité de Reims aux Administrateurs du département de la Marne.

Ne perdant point de vue l'obligation que vous nous avez imposée par votre lettre du 7 pluviôse, de veiller à ce que l'adjudicataire ne fasse aucune démolition... qu'après y avoir été autorisé... informés que l'adjudicataire ou sa caution enfreignait cette condition, nous avons envoyé un commissaire de police le 6 de ce mois... la réponse du citoyen Santerre en contient l'aveu...

Archives de Châlons.

1799, 11 mai. — 22 floréal an VII.

M. Poterlet, architecte,
à son parent, employé à Paris.

La conservation du temple de Saint-Nicaise de Reims cause le plus grand plaisir à tous les amateurs des arts, mais ce que vous aurez peine à croire, c'est que l'administration me boure d'une manière scandaleuse; j'ai cru cependant la servir en sollicitant la conservation de ce beau monument, dont la perte aurait été un vandalisme officiel et une tache pour les ordonnateurs de sa destruction.

Archives de Reims.

HAVÉ. — AFFICHES, ANNONCES, ETC.

1799, 19 juin. — 1er messidor an VII.

Extrait de la Gazette de France *du 2 fructidor an VII.*

Les bâtiments immenses et l'église de la ci-devant abbaye de Saint-Nicaise de Reims avaient été adjugés pour une somme de 45,000 francs numéraire.

Les ministres François de Neufchâteau et Quinette avaient insisté sur la conservation de cette église, à cause de sa beauté; il paraît qu'on n'a pas eu d'égard à leurs réclamations, et que la vente a été maintenue définitivement.

On écrit de Reims à ce sujet : « La revente seule de la pierre de taille provenant de la démolition de l'église et des bâtiments de Saint-Nicaise, produira plus de 600,000 francs, à raison de 1 franc le pied cube (ancienne mesure), prix courant du pays. On peut se faire une idée du reste. »

Mais ce n'est pas seulement sous ce rapport que l'on peut se récrier : la destruction d'un monument utile au service public ou à l'histoire des beaux-arts est un crime de lèse-nation, et l'existence de ceux qui s'en rendent coupables une calamité.

Opprobre donc aux vandales qui dévastent, mutilent ou détruisent les chefs-d'œuvre de quelque genre que ce soit.

Honte éternelle à ceux qui permettent ou tolèrent de pareils attentats. Qu'ils apprennent enfin à rougir de leurs fureurs et à respecter l'opinion publique qui les réprouve.

Espoir de la patrie, législateurs, directeurs, hâtez-vous donc d'arrêter cette infernale manie de destruction avant qu'elle n'ait achevé de couvrir de ruines le sol de la liberté. Repoussez ces spéculateurs avides et ignorants qui ne voient dans les plus beaux édifices qu'une carrière à exploiter et des matériaux à vendre. Qu'une loi sage et précise sauve ce qui reste encore aux arts éplorés, et réprime enfin le scandale trop longtemps souffert de détruire chez nous ce que nous admirons chez les autres.

1799, 19 juillet.

Saint-Nicaise, le 1er fructidor an VII.

Santerre au citoyen Tarbé, ingénieur à Reims.

Citoyen,

Le département, dans l'acte de vente qu'il nous a fait le 4 nivôse de l'église Nicaise, il a fait la réserve du tombeau de Jovin pour être transporté où la municipalité le désirera, sous vos auspices et à nos frais, il serait utile à cet effet que je m'entendisse avec vous.

Veuillez me donner votre jour et heure, je me rendrai chez vous, ou vous vous rendrez à Nicaise, où nous examinerons l'objet. Votre réponse contiendra la marche que je suivrai.

Votre concitoyen,

SANTERRE.

1799, 8 août.

Paris, 21 thermidor an VII.

Le Directoire exécutif.

Vu les rapports des ministres de l'intérieur et des finances sur la question de savoir si l'adjudication faite le 4 messidor an VII, par l'administration du département de la Marne au citoyen Defienne, de la ci-devant église Nicaise de Reims, aura son exécution, ou si cet édifice sera conservé comme monument d'architecture gothique.

Vu diverses pétitions du citoyen Defienne, adjudicataire, et du citoyen Santerre, associé à son acquisition, dans lesquelles ils exposent avoir payé, et invoquent les lois qui leur promettent jouissance, en observant, d'ailleurs, qu'il faut peu s'attacher à l'ancienne importance d'un édifice quand son état de dépérissement en annonce la chute, impossible à prévenir sans des frais auxquels on ne pourrait subvenir.

Considérant, d'une part, sous le rapport de l'intérêt public, que l'état de vétusté et de dépérissement de l'édifice dont il s'agit exigerait, d'après les rapports des experts, des réparations urgentes et très coûteuses pour en prévenir la chute, que cette dépense, à laquelle la situation présente du Trésor public ne permet pas de subvenir, serait encore plus onéreuse s'il fallait rembourser aux acquéreurs le prix de leur adjudication, et qu'indépendamment de ces inconvénients, la résiliation forcée d'une vente légalement consommée, et sans opposition, porterait atteinte à la garantie assurée aux acquéreurs de domaines nationaux.

Considérant, d'autre part, sous le rapport de l'utilité de conserver des monuments qui peuvent illustrer une nation, que celui dont est question cesserait bientôt de remplir ce but, et que sa chute inévitable pourrait entraîner des dommages et des malheurs qu'il est sage de prévoir et de prévenir.

Considérant, d'ailleurs, qu'il existe dans Reims un autre monument, la ci-devant cathédrale, qui présente, avec les beautés de l'objet vendu, une grande solidité, que cette cathédrale a été exceptée des ventes, et consacrée tant à l'exercice des cultes qu'aux réunions décadaires et autres assemblées où s'exercent les droits politiques.

Arrête :

ART. 1er.

La vente de la ci-devant église Nicaise, consentie le 4 nivôse an VII, au citoyen Defienne, auquel est associé le citoyen Santerre, est maintenue, elle sera exécutée selon sa forme et teneur.

ART. 2.

Le ministre des finances est chargé de l'exécution de cet arrêté, qui ne sera point imprimé.

Pour expédition conforme,
Le Président du Directoire exécutif,
Signé : SIEYES.

Pour le Directoire exécutif,
Le Secrétaire général,
Signé : LAGARDE.

Pour copie,
Le Ministre des finances,
Signé : R. LINDET.

Archives de Reims.

1799, 9 août.

Paris, 22 thermidor an VII.

Directoire exécutif. Liberté, Egalité.
Moulin au citoyen Santerre.

J'ai reçu, mon cher ami, vos lettres relatives à la vente du domaine national que vous avez acheté à Reims.... le Directoire a prononcé hier et a persisté dans la validité de cette vente...

Salut et fraternité.

MOULIN.

Archives de Reims.

1799, 12 août.

Paris, 25 thermidor an VII.

Le Secrétaire général du Directoire exécutif
au citoyen Santerre à Reims.

Le 21 de ce mois, il a été pris un arrêté qui valide la vente de l'église Nicaise de Reims.

Je crois vous faire plaisir...

Archives de Reims.

1799, 12 août.

Châlons, 25 thermidor an VII.

A M. Poterlet de Paris.

L'adjudicataire de l'église et du couvent de Saint-Nicaise intrigue de toutes ses forces pour que son adjudication tienne dans son entier. Ce nouveau Vandale ne voit que le profit énorme qu'il doit retirer et s'embarrasse peu de la destruction d'un des plus beaux monuments de la République française. Si le ministre Quinette n'a point l'amour des arts, ce monument sera donc détruit, et ce sera une tache de plus pour le nom français, et digne des opérations désastreuses de 1793 et 1794.

L'adjudication a été de 2,001,000 livres en bons, qui alors équivalaient au plus à 42,000 francs. Il y a dans le seul temple de Saint-Nicaise plus de cinq cent mille pieds cubes de pierre, et elle se vend communément 18 sous le pied. Je suppose qu'on la donne à 12 sous, retranchant un sixième pour les frais de démolition, il restera 10 sous par pied, ce qui fera 250,000 francs, sans compter la valeur des cailloux, des bois, des tuiles, et non compris encore la valeur des bâtiments du couvent, qui étaient neufs, et le terrain clos de murs. On ne peut donc pas craindre de se tromper en disant qu'il y a plus de 250,000 fr. de bénéfice à faire sur cette vente. Il y a évidemment lésion, et l'on sacrifie un monument remarquable.

C'est une dilapidation réelle, qui n'a pu avoir lieu que parce que les autorités et les ministres ont été trompés. Toute la ville de Reims est consternée de voir démolir cet édifice, l'un des plus beaux ornements de son enceinte.

Reims, Arch.

14 août 1799.

Cejourd'hui 27 thermidor an VII de la République française, nous soussigné, commissaire de police chargé par l'administration municipale de Reims de veiller à ce qu'aucune dégradation ne fût faite à l'édifice Nicaise, par le citoyen Santerre, jusqu'à l'entière confirmation de la vente qui lui a été faite par le gouvernement, sommes rendu au lieu dit la ci-devant église Nicaise, nous étant adressé au citoyen Santerre, cejourd'hui 27 du courant, vers les dix heures du matin, pour lui faire part de notre mission et pour lui déclarer que nous allions reconnaître dans quel état est l'édifice dont est question, ce à quoi adhérant, nous reconnûmes en sa présence qu'une des flèches est tout à fait dégarnie de son plomb, que les vitres de tout le pourtour de la ci-devant église Nicaise sont enlevées, que deux *cindres* de la susdite église *est* dégarnie des barres de fer qui maintenaient le vitrage; nous avons reconnu que le couvreur était à découvrir une des petites *neffes*. Nous avons reconnu enfin que tout le pavé de l'intérieur de la ci-devant église est enlevé et transporté hors dudit lieu.

Nous avons observé au citoyen Santerre que le monument en marbre représentant un tombeau aurait dû être transféré avant toute entreprise, suivant les vues du gouvernement, pour ne point l'exposer à être dégradé plus qu'il ne l'est, à quoi il nous a répondu qu'il savait que c'était une de ses clauses, qu'avant de découvrir la nef il le ferait retirer de l'endroit où il est avec la plus grande précaution, sous l'inspection de l'ingénieur du département. La ci-devant église Nicaise, ainsi parcourue et visitée de nous, commissaire de police, les dégradations en étant ainsi reconnues, nous avons déclaré au citoyen Santerre, un des adjudicataires de cet édifice, que nous allions nous retirer en son bureau pour en verbaliser.

Lecture lui en ayant été faite, il a déclaré que le présent était sincère et véritable, et a signé avec nous.

Wiart, *commissaire de police.*
Santerre.

27 thermidor an VII.

Observations du citoyen Santerre.

La suspension de la démolition de l'église Nicaise n'a été entre le département et l'acquéreur que conditionnelle et de pure honnêteté de la part dudit acquéreur, qui, de son propre mouvement, s'y est soumis : aussi l'invitation à la municipalité d'y jetter un coup d'œil en porte-t-elle le caractère.

Le citoyen Santerre, aussitôt qu'il a su toutes les difficultés levées, s'est empressé de communiquer au commissaire de police et à la municipalité la preuve de la levée de toute opposition, retardée déjà trop longtemps pour les intérêts de l'acquéreur. De plus, l'acte de vente communiqué en son temps à la municipalité, ont dû lui suffire.

Au surplus, cette opération n'est point du ressort de l'administration municipale, aucune loi ne la charge d'inspecter les biens nationaux vendus, lorsque l'acquéreur a ses titres d'achat et de payement.

S'il y a eu invitation d'inspection, les titres que Santerre a mis sous les yeux de la municipalité est plus qûe suffisant pour lui prouver que toutes les difficultés sont levées, et l'acquéreur qui déjà avait le droit d'abattre, d'après les lois, y est d'autant plus autorisé qu'il donne la preuve de la main-levée de la suspension, il joint à cet effet copie des pièces qu'il a pour donner toute satisfaction à la municipalité.

27 thermidor an VII.

SANTERRE.

Archives de Reims.

1799, 14 août. — 27 thermidor an VII.

L'Administration municipale de Reims aux Administrateurs du département de la Marne.

Par notre lettre du 8 floréal dernier, nous vous avons adressé un procès-verbal dressé par un de nos commissaires de police au sujet des démolitions qui se faisaient aux bâtiments et église de Saint-Nicaise par les adjudicataires de cet édifice. Par les dispositions de votre arrêté du 23 ventôse, en autorisant l'adjudicataire à démolir les objets compris en ses actes de vente, vous avez décidé qu'on ne pourrait en aucune manière démolir la ci-devant église qu'après les décisions à intervenir sur les observations du ministre de l'intérieur. Instruits l'un de ces jours que le citoyen Santerre faisait de nouveau démolir la dite église, nous avons cru devoir y renvoyer un commissaire de police, qui a verbalisé de l'état où il avait trouvé l'édifice dont est question, et le procès-verbal a été signé par le citoyen Santerre, qui y a annexé ses observations, il a laissé copie d'un arrêté du directoire exécutif du 21 courant, qui maintient la vente de la ci-devant église Nicaise, ainsi que copie de lettres à lui adressées à ce sujet. Nous croyons devoir vous faire passer copie de ces différentes pièces, attendu que vous nous aviez chargés de veiller à ce qu'aucune dégradation n'arrivât avant de nouveaux ordres.

Archives de Reims.

1799, 15 août. — 28 thermidor an VII.

Vu l'arrêté du Directoire exécutif du 21 thermidor présent mois, qui maintient la vente de la ci-devant église Saint-Nicaise de Reims, consentie le 4 nivôse an VII au citoyen Defienne.....

L'administration centrale arrête... qu'elle charge l'administration municipale de Reims de veiller à ce que le citoyen Defienne n'éprouve aucun obstacle dans la jouissance de la ci-devant église Saint-Nicaise...

Archives de Reims.

1799, 16 août. — 29 thermidor an VII.

L'Administration centrale du département de la Marne à l'Administration municipale de Reims.

Nous vous adressons copie de l'arrêté du Directoire exécutif qui confirme la vente....

L'acquéreur étant tenu de faire transporter à ses frais le tombeau de Jovin dans le lieu que vous indiquerez... veuillez inviter le citoyen Tarbé, ingénieur ordinaire des ponts et chaussees, à en surveiller le déplacement....

Archives de Reims.

1799, 19 août. — 2 fructidor an VII.

Administration municipale de Reims.

Le président donne connaissance d'une lettre des citoyens administrateurs du département, du 29 thermidor dernier.

L'administration arrête que le tombeau de Jovin sera placé au temple décadaire, et charge les citoyens Henriot-Tronsson et Lemerez d'en informer le citoyen Santerre, et de se concerter avec le citoyen Tarbé sur le temps de l'exécution.

1799, 26 août. — 9 fructidor an VII.

M. Poterlet, de Châlons,

à M. Poterlet, de Paris, chef de bureau au ministère de l'Intérieur.

Toutes nos démarches pour la conservation du monument de Saint-Nicaise ont donc été infructueuses! et le très inepte Quinette en a ordonné la démolition au profit du général Roulade (1) et Cie. Il n'y avait qu'un vil Jacobin de 1793 qui pût ordonner ce nouvel acte de vandalisme qui portera longtemps le deuil chez les amis des arts.

1799, 23 octobre. — 2 brumaire an VIII.

Administration municipale de Reims.

Le président remet au Conseil un plan dressé par le citoyen Tarbé, ingénieur à Reims, des ouvrages à faire pour placer au temple décadaire le tombeau de Jovin.... que le citoyen Santerre a rendu et fait transférer au temple décadaire... Le Conseil charge le citoyen Serrurier de dresser un devis de la dépense....

1799, 15 novembre. — 25 brumaire an VIII.

Châlons, 25 brumaire an VIII.

Pour répondre plus promptement, mon cher cousin, à la lettre que vous m'avez fait l'amitié de m'écrire le 23 de ce mois, je vous envoie les pièces que

(1) Allusion à la conduite de Santerre lors de l'exécution du roi Louis XVI.

j'ai rassemblées au sujet de l'église Saint-Nicaise de Reims....

Vous reconnaîtrez que le travail demandé par le ministre de l'intérieur ne lui a jamais été envoyé, il est encore dans les cartons de l'administration centrale. Le Directoire a été renseigné sur des rapports mensongers, faits par des experts prétendus, vendus aux acquéreurs.

La couverture de l'église dont est question est démolie, on commence à abattre la maçonnerie, mais il y a peu de choses. Le portail et les tours sont encore intacts....

Archives de Reims.

1799, 4 décembre. — 14 frimaire an VIII.

Lettre de M. Poterlet, de Châlons, à son parent.

Châlons, 14 frimaire an VIII.

Je vous ai adressé.... (lettres, rapports, etc.) et ma lettre détaillée sur tous ces objets, et notamment sur les disgrâces que me font éprouver les administrateurs actuels pour avoir contrarié leur vandalisme affreux....

Je suis instruit que Santerre fait travailler jour et nuit après les démolitions, qu'il fait mutiler toutes les parties que l'on ne peut démolir maintenant, et que la rose du portail est absolument détruite...

Archives de Reims.

1800, 6 janvier. — 17 nivose an VIII.

Administration municipale de Reims.

Le président remet le devis estimatif des ouvrages dressé par le citoyen Serrurier.... relativement à la pose en l'église Notre-Dame du tombeau de Jovin.... la dépense à faire sera de 501 francs.

Le Conseil arrête que les ouvrages seront incessamment faits par le citoyen Serrurier, sous la surveillance des citoyens Tarbé et Lemerez.

1800, 27 mars. — 7 germinal an VIII.

Administration municipale de Reims.

Le citoyen Jeunehomme, président, expose que le tombeau de Jovin, placé dans l'église de Saint-Nicaise... ayant été transporté... dans l'église dite cathédrale... vient d'être mis en place dans l'endroit qui lui avait été destiné (1).

La tombe de Hugues Libergier, architecte de Saint-Nicaise, a été tansférée à la même époque et placée dans la basilique bâtie par Robert de Coucy, son élève.

1800, 18 août.

Journal de Paris, 1er fructidor an VIII.

Citoyens, vous annoncez dans votre feuille du 25 thermidor que la vente de la célèbre église de Saint-Nicaise de Reims vient d'être définitivement maintenue....

Les bâtiments immenses de l'église et de l'abbaye de Saint-Nicaise ont été adjugés pour une somme d'environ 45,000 fr. numéraire. La revente seule de la pierre de taille provenant des démolitions produira plus de 600,000 francs à raison de 1 franc le pied cube.

(1) Cette délibération a été donnée *in extenso* par M. Loriquet, dans le volume : *Le tombeau de Jovin*, 3e édition, p. 30.

Opprobre donc aux vandales qui dévastent mon pays en détruisant ses chefs-d'œuvre.

Les ministres de l'intérieur François de Neufchâteau et Quinette ont insisté sur la conservation de l'église Saint-Nicaise à cause de sa beauté.

L'arrêté du Directoire exécutif du 21 thermidor maintient la vente de cet édifice à la suite d'un rapport du ministre de l'intérieur, Lucien Bonaparte, *qui n'a jamais existé dans les bureaux des ministres.*

Archives de Reims.

1800, 24 août. — 7 fructidor an VIII.

Les habitants de la ville de Reims au citoyen Ministre de l'Intérieur.

Les soussignés, habitants de la ville de Reims, ont vu avec la plus grande peine la main dévastatrice des ennemis de l'Etat et des arts s'étendre dans leurs murs sur un des plus beaux et des plus célèbres monuments.

Les réclamations qu'ils auraient pu faire dans le tems où la destruction était à l'ordre du jour auraient été pour eux le signal de la réprobation, ils ont donc gémi en silence et n'ont pu s'opposer à ce fléau dévorant.

Mais aujourd'hui que le gouvernement, assis sur des bases fermes et éclairées, se montre le réparateur de ces tems malheureux qu'il veut faire oublier, qu'il est l'ami et le protecteur de ces beaux arts qui ont illustré la France, les soussignés s'empressent de vous exposer qu'une de leurs principales églises, dite de Saint-Nicaise, qui, depuis le XIIIe siècle, date de sa construction, faisait l'admiration des artistes les plus célèbres et de tous les amateurs de la belle architecture, a été vendue et adjugée à des acquéreurs qui se sont hâtés de tirer parti des démolitions qu'ils ont commencées et qu'ils continuent toujours. Telle célérité qu'ils y aient mis, elle offre encore aux yeux étonnés une des plus belles ruines du monde, et les Rémois s'enorgueillissent encore de la conserver telle qu'elle est.

Ils vous supplient donc, citoyen ministre, d'appuyer auprès du gouvernement la prière très instante qu'ils lui font de donner les ordres les plus prompts et les plus précis pour arrêter cette démolition et leur conserver ces précieux restes du plus bel édifice gothique qu'il y ait en ce genre.

Ces superbes ruines attesteront du moins à quel degré de perfection les arts étaient déjà parvenus en France à une époque aussi reculée, elles seront à jamais un monument parlant de la fureur des nouveaux barbares qui ont fait la honte du XVIIIe siècle, et elles prouveront qu'à ces barbares a succédé un homme qui a su réprimer et arrêter leurs ravages et rendre un nouveau lustre à l'empire qu'il a régénéré.

Le gouvernement peut, avec d'autant plus de justice, arrêter cette démolition et résilier la vente, que cet édifice, avec la maison conventuelle qui y était adjacente ainsi que les jardins qui l'environnaient, n'ont été vendus qu'une somme plus que modique en mandats, lesquels, au cours du temps de la vente, étaient équivalants à quarante-deux mille livres en numéraire, tandis qu'il est aisé de démontrer que les matériaux de ce temple, en pierres de taille seules, vendus à moitié de leur valeur, se monteraient à plus de 300,000 liv., que les acquéreurs ont tiré des démolitions de l'édifice, de la maison en pierres, bois de charpente, menuiseries, marbres, plombs, fers, ardoises, etc., au-delà de leur adjudication, et qu'ainsi il n'est pas probable qu'il puisse y avoir lieu à indemnité.

Soyez donc, citoyen ministre, le canal protecteur par lequel les Rémois puissent faire parvenir leur requête auprès du gouvernement, et, nouveau Mécène, appuyez-la de tout l'ascendant que votre amour pour les arts et pour la justice doivent vous donner auprès de lui.

Reims, 7 fructidor an VIII de la République française.

Beglet-Dombry — Louis Dejardin — Tourneur — Dessain aîné — Assy-Bara — Bouquet — Minelle — Billet — Thomas l'aîné — Petit-Pluche — Malot — Favart-Desjardin — Vuatelet Thomas — Seguin — Herbaut — Queutelot — Chevalier — Clicquot — Ve Vuatelet — Randoulet-Prilleux — Royal — Sorlet — Lecourt — Douce — Legros — Boulart — Barois — Warenflot — Lejeune — Marlot — Fougrieux — Bourlier — Vassillière — Blondel — Caron — Jean Coltier — R. Thomas — Deligny — Tandart — Lacourt — Bouda — Cancé — Télinge — Ludinart — Boucton — Missahaut — Lasnier — Brice-Guiot — Mopinot — Rogé — Noiron-Legros — Pothé — Lambert — Noury — Manfait — Doussy — Maireau — Clément — Museux — Prudhomme — Barbelet — Olivier — N. Olivier — Gérard-Baudet — Jean Miclet — Pierron — Laumonier — Buiron-Anthy — Paulet — Davay — J.-B. Joltrois — Goulet fils — Parmantier — Eterne — Massé père — Maujeart — Pringot-Gérard — Arlot-Labassé — Picret — Toussaint-Chiquet — Hanin — Balleux — Frahier — Preux — Lacaille — Bonnaire — Job père — Outelet-Lacaille — Marchand-Olié — Villain — Pruneaux-

Anceaux — Bourlette — Lundy — Massé-Vallery — Langlet — Bigot — Vathier — Cadart — Walschaertz Dudin-Hourelle — Cerlet-Cahart — Rousseau — Draveny-Chiquet — Clignet-Dauphinot — Dessain — Tronsson-Desjardin — Chambon — Hainart M. — Bergeat, conservateur du musée.

Les maire et adjoints de la ville de Reims, qui ont pris connaissance de la pétition ci-contre, estiment que ce serait protéger les arts que de leur conserver les ruines d'un édifice si justement célèbre et si généralement regretté; ils invitent le citoyen ministre de l'intérieur à interposer ses bons offices pour empêcher qu'on ne détruise entièrement ce beau monument, qui est encore dans un état à durer des siècles. Ils observent qu'il importerait à la sûreté publique de faire fermer les issues qui y conduisent pour que l'on n'y pût entrer qu'avec précaution et sans risques, les curieux ayant d'ailleurs toutes facilités de l'observer de dessus les remparts, d'où les plus grandes beautés de cet édifice majestueux sont parfaitement en évidence.

Reims, 15 fructidor an VIII de la République française.

Signé : Jobert, maire,
Camu, adjoint,
Assy-Villain, adjoint.

Vu par moi, sous-préfet du 1er arrondissement communal du département de la Marne, pour légalisation de la signature des citoyens Jobert, maire, Assy-Villain et Camu, adjoints au maire de Reims.

18 fructidor an VIII de la République française, une et indivisible.

Signé : Leroy.

Archives de Châlons.

1800, 6 septembre.

Cormontreuil, 19 fructidor an VIII.

Ce n'est que d'hier que j'ai pu faire rentrer entre mes mains la pétition que vous m'aviez engagé de faire pour obtenir la conservation de Saint-Nicaise...

Je la recommande à votre activité et à votre enthousiasme pour les beaux arts... je ne doute pas que vous n'obteniez la conservation de ces belles ruines....

Louis DUJARDIN.

Archives de Reims.

1800, 13 septembre. — 27 fructidor an VIII.

Paris, 27 fructidor an VIII.

Poterlet aîné, employé à l'administration générale des ponts et chaussées.

Au préfet du département de la Marne.

Je m'empresse de vous adresser, par ordre du ministre de l'intérieur, une pétition que j'étais chargé de lui présenter, à l'effet d'obtenir la conservation de ce qui reste à démolir de la superbe église de Saint-Nicaise de Reims. Je ne puis trop vous inviter, citoyen préfet, à statuer sur cette pétition dans le plus court délai. Les moments sont précieux, il n'y a pas de temps à perdre, et il dépend encore de vous de sauver un des plus beaux monuments de la France.

Salut, etc.

POTERLET,

rue de Sèvres.

Archives de Châlons.

1800, 28 septembre. — 7 vendémiaire an IX.

Le préfet.

Renvoyé au sous-préfet de l'arrondissement de Reims pour faire viser par architecte les ruines du monument dont la conservation est désirée et faire son rapport sur la situation de ces ruines, s'il y a utilité pour les arts et possibilité de les conserver sans danger de chute prochaine et de chute dommageable aux propiétés voisines, pour, sur le vu du rapport de l'architecte et l'avis du sous-préfet, qui donnera son avis sur les moyens d'indemniser l'acquéreur du monument, qui, par la conservation demandée, serait privé de ses démolitions, être par nous proposé au gouvernement ce qu'il appartiendra.

Archives de Châlons.

1800, 27 octobre. — 6 brumaire an IX.

Offre au citoyen Ministre,
Jean-Simon Defiennes, demeurant à Paris,
rue Saintonge, n° 7.

Je viens d'apprendre que le préfet du département de la Marne a renvoyé au sous-préfet de l'arrondissement de Reims à faire faire l'examen de l'église de Saint-Nicaise, qu'il regarde comme un monument précieux, qu'il a nommé deux experts qui en ont fait la visite. J'étais au moment de le faire abattre, j'ai de suite suspendu; je ne puis cependant rester dans cet état longtemps à cause de mes intérêts.

Je m'empresse de vous l'offrir moyennant une juste indemnité.

Salut.

De Fiennes.

Archives de Châlons.

1800, 4 novembre. — 14 brumaire an IX.

*Le Ministre de l'Intérieur
au citoyen Bourgeois Jessain, préfet du département
de la Marne.*

Le citoyen Defiennes, acquéreur de l'église Saint-Nicaise de Reims, m'a adressé le mémoire que vous trouverez ci-joint, il m'expose que vous avez nommé des experts pour visiter ce monument, dont la conservation fait depuis longtemps l'objet d'une discussion qu'il faut faire en sorte de terminer. Vous examinerez la proposition du citoyen Defiennes, et vous me renverrez le plus tôt possible son mémoire avec vos observations et votre avis.

Je vous salue,

Signé : L. BONAPARTE.

Le secrétaire général,

....

Archives de Châlons.

1800, 22 novembre.

Châlons, 2 frimaire an IX.

*Le préfet de la Marne
au sous-préfet de Reims.*

Je vous ai envoyé, le 7 vendémiaire dernier, un mémoire des habitants de votre ville, adressé au ministre de l'intérieur, pour la conservation des ruines de Saint-Nicaise, pour faire visiter ces ruines par architecte et constater la situation et s'il y a utilité pour les arts de les conserver....

Depuis ce temps je n'ai reçu de vous aucune réponse....

Je vous prie d'accélérer votre réponse sur le renvoi que je vous ai fait il y a deux mois.

Archives de Châlons.

1800, 26 novembre. — 6 frimaire an IX.

Le sous-préfet de Reims
au citoyen préfet de la Marne.

Aussitôt réception de votre lettre du 7 vendémiaire dernier.... j'ai nommé deux architectes.... ils ne m'ont pas encore fait parvenir leur travail. Je vais solliciter leur activité....

Je vous salue.

LEROY.

Archives de Châlons.

1800, 26 décembre.

Châlons, 5 nivôse an IX.

Il y a bien longtemps que je voulais vous répondre sur Saint-Nicaise, je ne le puis encore.

M. le préfet a envoyé cette affaire au sous-préfet de Reims (ex-membre de notre dernière administration centrale) dès le 28 fructidor, il est encore à lui donner les détails..... provisoirement les démolitions sont arrêtées..... Voilà où en est cette affaire, qui serait plus avancée si le sous-préfet de Reims n'avait pas été un des vendeurs.

J'ai donné à M. de Jessaint tous les renseignements qu'il pouvait désirer, il n'ignore aucune des manœuvres qui ont été faites pour ôter à la France ce chef-d'œuvre d'architecture....

Archives de Reims.

1802, 13 février. — 24 pluviose an X.

Vu par le maire de la ville de Reims la pétition présentée par plusieurs habitants de la rue Saint-Jean... exposant que, voisins de la ci-devant église Saint-Nicaise, démolie pour la plus forte partie, ce qui en reste les expose aux plus grands dangers... les flèches, *encore subsistantes*, mais dégarnies de leurs soutiens... un pilier gelé par le pied...

Procès-verbal dressé par le citoyen Collet, commissaire de police, et Serrurier, architecte de la ville....

Il résulte que les flèches... sont entièrement calcinées du côté de l'ouest, et que les pierres ne sont qu'imparfaitement maintenues par des agrafes de fer... que la plus grande partie des grandes voûtes étant démolies... la chute des arcs-boutants paraît inévitable.

.... Il est très urgent de démolir à la main et pierre à pierre.

Il sera fait sommation au citoyen Defienne de mettre ouvriers et procéder sans discontinuation à la démolition.

Archives de Reims.

1804, 30 septembre.

Châlons, 9 vendémiaire an XIII.

Le préfet de la Marne
au sous-préfet de Reims.

Je désire connaître, avant de rien statuer relativement aux matériaux de l'église Saint-Nicaise de Reims, si le restant de cet édifice peut être conservé comme monument précieux pour les arts.

Je vous prie de vous reporter à ma lettre du 2 frimaire an IX, et, en vous conformant à ses dispositions, me faire parvenir dans le plus bref délai possible tous les renseignements convenables sur l'objet dont il s'agit.

Recevez, etc.

Archives de Châlons.

1804, 9 octobre. — 17 vendémiaire an XIII.

Le sous-préfet de Reims
à M. le préfet de la Marne.

J'ai eu l'honneur de vous adresser, le 22 ventôse an IX, le rapport qui m'a été adressé par MM. Serrurier et Lefèvre, architectes à Reims, sur l'état de l'ancienne église de Saint-Nicaise et sur la question de savoir si les restes de cette église méritoient d'être conservés pour l'utilité des arts et si on pouvoit le faire sans dangers.

D'après leur opinion, la partie à conserver se réduiroit au portail, à ses tours et flèches, aux murs et piliers du contour de l'église, aux piliers intérieurs, portant les voûtes, et aux arcades en ogives existantes entre ces piliers.

Mais depuis ce temps les choses ont changé d'état, les tours et flèches n'existent plus, d'autres parties ont été démolies, et ce qui reste du monument ne paroît pas mériter sa conservation sous le rapport des arts.

En conséquence, j'estime qu'il y a lieu à en ordonner ou provoquer la vente.

J'ai l'honneur.

LE ROY.

Archives de Châlons.

..... (Sans date.)

Je te rendrai compte de la négligence du sous-préfet de Reims à répondre au sujet de Saint-Nicaise, et aujourd'hui je te dirai que tout ce travail est revenu, mais qu'il est incomplet. Je vais le compléter en levant les plans des coupes et vues latérales de ce monument, pour être ensuite envoyés par le préfet au ministre de l'intérieur.

Archives de Reims.

1805, 15 mai. — 25 floréal an XIII.

Je soussigné, Nicolas Serrurier, architecte demeurant à Reims, expert nommé par M. le préfet, à l'effet de visiter et estimer l'ancienne abbaye de Saint-Nicaise de Reims.

Tous les bâtiments, à l'exception d'un seul, ont été démolis de fond en comble et les matériaux vendus. Il ne reste de l'église que les piliers et quelques parties de voûte, la plus grande partie du terrain est couverte de décombres.

Ce domaine consiste actuellement en un terrain d'environ deux hectares vingt ares, clos de murs ; à gauche en entrant, un bâtiment de trente-sept mètres de longueur... un autre petit bâtiment ; une écurie... enfin les ruines de l'église et des matériaux épars sur le terrain.

J'estime le revenu total, valeur de 1790, 150 fr..... et les ruines de l'église, qui ne produisent aucun revenu, mais dont les matériaux valent 4,000 fr.

Signé : SERRURIER fils.

Archives de Châlons.

1805, 7 août.

Cejourd'hui, 19 thermidor an XIII, en vertu des lois des 15 et 16 floréal an X, 5 ventôse an XII, relatives à la vente des domaines nationaux.

Pardevant nous, préfet du département de la Marne .... il a été procédé à la réception des enchères sur :

Le restant des bâtiments de l'église de Saint-Nicaise de Reims, ensemble le terrain en dépendant, contenant environ deux hectares vingt ares, enclos de murs.

Le bâtiment existant encore sur ce terrain, à gauche en entrant, de la contenance d'environ trente-sept mètres de largeur, composé au rez-de-chaussée d'une chambre de portier, d'un cellier, d'une écurie avec mangeoires en pierres et râteliers, et d'une remise pour les voitures. A la suite de ce bâtiment, en retour d'équerre, un autre petit bâtiment d'environ vingt-cinq mètres de superficie, contenant au rez-de-chaussée une écurie, et deux chambres de domestiques au-dessus.

Enfin les ruines de l'église et les matériaux épars sur le terrain.

Le tout, tenant du nord au rempart de la ville, du levant à la rue Saint-Jean, du midi à la place Saint-Nicaise, du couchant à la veuve Gosset.

Les dits biens rentrés au Domaine par suite de la déchéance de l'acquéreur.

1805, 12 août. — 24 thermidor an XIII.

Adjudication définitive.

Sur la mise à prix de 7.000 francs,

Le sieur Mitteau a offert 10.000 francs.
David — 15.100
Lundi — 18.000
Willame — 20.000
Bouquet — 21.000
Willame — 22.000
David l'aîné — 24.000
Willame — 28.700

Adjugé à Pierre Willame, de Châlons, pour 28,700 fr. Lequel a déclaré que la vente est pour et au profit de M. Rieul N[as] Correau, demeurant à Reims, lequel, présent, a accepté et a présenté pour caution M. Jean-Louis Coreau, demeurant à Hermonville.

Signé : Willame.
Coreau.
Coreau.
B
Lasquille.

Archives de Châlons.

M. Coreau-Grandin m'a dit que son père avait vendu, en 1824, le terrain et ce qui restait des matériaux de l'abbaye et de l'église de Saint-Nicaise à M. Rondelet, architecte à Reims, pour la somme de 14,000 fr.

Les matériaux entraient dans cette somme pour 3,000 fr. et le terrain pour 11,000.

M. Rondelet a ouvert une rue sur l'emplacement de l'église et il a fait des constructions à droite et à gauche de cette rue.

EPILOGUE

Ainsi fut consommée la perte irréparable de la fameuse église : on exploita ses ruines comme une carrière, à l'aide de la pique et de la mine; et la poudre, qui avait détruit la grande rosace du portail comme par l'effet d'un feu d'artifice, fut employée encore pour desceller les massifs des colonnes et faire surgir du sol les plus solides assises. Le fer et le plomb qui formaient les agrafes des sculptures, devinrent aussi une riche proie, qui avait déjà tenté la cupidité de Santerre, sur qui retombe, en somme, toute la responsabilité du vandalisme. L'historien Géruzez écrivait, vers 1816, que « les ruines de Saint-Nicaise, dont il ne reste plus que deux escaliers de clochers, offraient encore en 1806, 7, 8, une très belle perspective quand les arcs-boutans subsistaient encore (1). » La ville et les villages voisins y prirent pendant 22 ans des matériaux, qui servirent à construire et à paver de nombreuses habitations : on bâtit, en 1814, l'immense filature des Longueaux entièrement avec les débris de la basilique. « Au commencement de janvier 1819, racontait à son tour M. Povillon-Piérard, fut arrachée enfin la dernière pierre des fondations de l'église (2). » Leur dispersion devait être complète, comme pour appliquer mot à mot à l'édifice rémois l'éloquente plainte de Jérémie : *Quomodo dispersi sunt lapides sanctuarii in capite omnium platearum ?*

(1) *Description de Reims*, p. 327. — M. Povillon note aussi qu'au 27 avril 1817, il ne restait plus sur pied que l'escalier de la tour septentrionale. *Mss.*, p. 81 des notes.

(2) *Histoire de l'église de Saint Nicaise de Rheims*, mss. de la Bibliothèque, p. 184 du texte, et vue des ruines, p. 81 des notes.

Puis, le silence se fit dans le champ de destruction, où bientôt, à l'œuvre de ruine, allait succéder la création d'un quartier nouveau, destiné aux ouvriers tisseurs que l'essor industriel devait amener en si grand nombre. En 1826, quoique le terrain fût encore couvert d'une multitude de décombres, on commença à bâtir des maisons et à projeter des rues sur cet emplacement historique (1). « En 1835, lit-on dans une Revue locale, il ne restait que quelques fûts de colonnes, quelques chapiteaux frustes, que des jardiniers, des tailleurs de pierre, des charpentiers ont recueillis, et dont, par un reste de sentiment religieux, ils ont orné les façades de leurs jardins ou de leurs basses-cours (2). » Et le chroniqueur, ému par ce spectacle, s'efforçait de raviver ces débris épars, en leur adressant les beaux vers de Victor Hugo :

O débris! ruines de France,
Que notre amour en vain défend!
Séjours de joie ou de souffrance,
Vieux monumens d'un peuple enfant!

Mais, en vain, on voudrait arrêter la marche du temps et se répandre en plaintes amères contre les ravages accomplis à travers tant de bouleversements (3) : la charrue laboure le sol de trop d'illustres demeures pour qu'il faille s'étonner d'entendre retentir les métiers là où prièrent

(1) *Mss. de M. Povillon*, p. 185 du texte, où l'on trouve l'affiche de M. Rondelet, architecte, entrepreneur de bâtiments, propriétaire des sept arpents de l'enclos de l'abbaye. Il l'avait acquis, en 1824, de M. Coreaux-Boulanger, et voulait l'utiliser en constructions.

(2) *Reims pittoresque ancien et moderne*, juillet 1835, p. 46. On y lit divers documents tendant à dégager l'honneur artistique de Reims, surtout une note incisive de M. L. Paris, à la page 47, sur les mesures de sauvegarde à prendre pour la dalle de Libergier. — On trouve aussi dans cette Revue, 4e livraison, *Le pilier branlant de Saint-Nicaise, ou un Champenois plus fin que le diable*, par M. Varin.

(3) On songea, vers 1832, à établir les abattoirs à Saint-Nicaise, mais le défaut d'eau et d'écoulement y fit renoncer. *Compte-rendu de M. de Saint-Marceaux au Conseil municipal en 1837*, p. 39.

tant de générations (1). Le travail vivifie et relève, en prévenant d'autres désastres et d'autres ruines morales.

Reportons plutôt nos regards vers les sujets d'études que la ruine elle-même a pu nous signaler. Ils seraient d'un grand intérêt, si une main exercée nous avait conservé l'exacte image des mosaïques, des peintures et des chambres sépulcrales, retrouvées de 1812 à 1817, au niveau des plus profondes excavations que l'on fit dans l'enceinte de l'église. M. Povillon-Piérard, qui suivait toutes les phases de la démolition, a provoqué des fouilles auxquelles s'intéressa M. Ruinart de Brimont, mais la description fantaisiste qu'il en composa, loin de nous instruire, ne cause que plus de regrets de ce qu'on n'ait pas su recueillir alors toutes ces précieuses trouvailles dans un musée rémois (2).

Il est d'autres reliques remarquables par leur antiquité ou leur style, que nos églises ont du moins conservées : outre les tombeaux de Jovin et de Libergier (3), on garde encore de Saint-Nicaise les restes du magnifique pavage à ciselures, remplies de plomb, offrant une série de médaillons historiés ; quarante-huit de ces dalles, ramenées de Verzenay en 1846, recouvrent aujourd'hui le sol de la chapelle Saint-Eloi de l'église Saint-Remi (4). Là aussi se

(1) A Reims, la plupart des couvents furent transformés en fabriques ou en usines : Saint-Pierre, le Mont-Dieu, les Capucins, les Longueaux, les Jacobins et les Cordeliers. — Saint-Remi est devenu l'Hôtel-Dieu, tandis que Saint-Denis et les Augustins sont encore des lieux d'études.

(2) M. Ch. Loriquet a tiré le meilleur profit possible des relations de M. Povillon, à la page 17 de son *Etude sur le tombeau de Jovin*, 3e édit., 72 p., Reims, 1880, dissertation la plus approfondie que nous ayons sur ce célèbre monument, descendu, en 1866, de la cathédrale dans la crypte de l'archevêché.

(3) Lire des notes pleines d'intérêt sur cette épitaphe et admirer la plus belle reproduction qu'on en ait faite, au t. Ier des *Annales archéologiques*, par Didron aîné, 1844, p. 82 et 117.

(4) Les péripéties des transports de ces pavés sont racontées par M. Pr. Tarbé, avec planches de leurs figures, par M. Maquart, dans la publication in-f°, *Dalles du XIIIe siècle à Saint-Remi*, Reims, Assy, 1847. — M. L. Fanart, notre confrère, a recueilli lui-même, vers 1814, dans les ruines de Saint-Nicaise, l'un de ces pavés, offrant deux figures, dont les traits sont intacts. — Ils offrent tous des scènes de l'Ancien-Testament.

rencontrent, comme des souvenirs pieux d'une sœur défunte, la grande croix du maître-autel en bois sculpté style Louis XV, le lutrin du chœur en fer forgé sur pied de marbre, le pupitre du grand chantre, et des canons d'autel richement encadrés. — La Bibliothèque de la Ville montre avec orgueil les splendides livres de chant de Saint-Nicaise, dont les vignettes, en couleur sur fond d'or, rivalisent avec les plus belles enluminures du Moyen-Age. — La Cathédrale a acquis, en 1792, l'autel en marbre de l'arrière-chœur, le pavé, également en marbre, du sanctuaire, et les deux tambours, garnis de sculptures, qui sont placés aux portes latérales du grand portail. — La paroisse de Saint-Maurice a utilisé d'autres panneaux sculptés qui rehaussaient la boiserie des stalles. Que sont devenues les grilles tant vantées, forgées à Reims en 1760, qui complétaient l'ensemble décoratif réalisé à cette époque par le grand prieur D. Mathieu Hubert (1)? L'une d'elles fut acquise par la paroisse de Saint-Remi en 1793, mais on ne l'y retrouve plus.

Il est des pierres qui eurent un sort non moins fécond en vicissitudes : on voit à la façade de la maison n° 50 du faubourg de Fléchambault, et au musée de la crypte à l'Archevêché, deux fragments des parois sculptées en losanges et fleuronnées qui entouraient les porches. — Il y avait, en 1847, dans la maison n° 17 de la rue Saint-Guillaume, deux dalles tumulaires du XIIIe siècle, qui ont disparu depuis, après y avoir été dessinées (2). D'autres tombes du même temps, avec figures de personnages, mais sans légendes complètes, pavent encore la cuisine de Madame veuve Guérin-Page, à Cernay-lès-Reims. — Enfin, si l'on en croit la tradition, les deux riches colonnes de marbre qui décorent le vestibule de la maison n° 13 de la

(1) Le dessin de la principale se trouve à la page 84 des notes du mss. de M. Povillon, avec de prolixes détails sur tous ces objets si chers aux Rémois.

(2) Notice de M. Duchesne, avec dessins de M. Maquart, *Travaux de l'Acad. de Reims*, t. VII, p. 176. — Autre débris au n° 29 de la rue Ponsardin.

place Royale, seraient les survivantes des portiques de Saint-Nicaise (1).

Le visiteur qui parcourt aujourd'hui (1883) l'enclos de Saint-Nicaise, n'y rencontre plus le moindre fragment digne d'intérêt : derrière les maisons qui forment le côté gauche de la rue de ce nom, s'étend, entre les deux boulevards, un vaste terrain entouré de murs, cultivé en partie, et livré pour le surplus à des chantiers divers. On y accède par la porte n° 9 de la place Saint-Nicaise, et l'on trouve à gauche un corps-de-logis, au rez-de-chaussée, qui est élevé sur l'emplacement des bâtiments de l'abbaye. Sous le hangar qui s'étend à droite, est déposé un grand marbre mutilé, qui porte, en belles lettres capitales, l'épitaphe de Charles Roland, docteur en théologie, mort en 1671, après avoir institué diverses fondations. Sous l'habitation voisine, s'étendent des caves à deux étages, celles du dessous creusées dans la craie en galeries avec essor en entonnoir : on y lit la date de 1616, et dans la cour on retrouve quelques lettres d'une inscription du XIe siècle encastrée dans la muraille (2).

(1) La place Saint-Nicaise ne porte pas bonheur aux œuvres d'art : on y a placé, en 1842, la fontaine du Marché, avec sa gracieuse vasque en marbre style Louis XVI ; elle est aujourd'hui privée du vase avec serpents en bronze qui la surmontait, et qui fut arraché par des rôdeurs en 1882. Le vase a été retrouvé, mais la fontaine elle-même court les plus grands risques si on n'avise à transporter ailleurs ce monument du célèbre Coustou.

(2) Ces lettres sont ainsi disposées en deux lignes, dont on pourra un jour retrouver le sens dans les recueils d'épitaphes :

TRIVS

QVEM

Ces mots se lisent dans la seconde cour de la maison n° 7 de la place Saint-Nicaise, et on ne rencontre nul fragment analogue dans les maisons de la rue du même nom, ouverte à l'endroit même de la grande nef de l'église. — Deux tables de composition de l'Imprimerie Coopérative (rue Pluche, 24), sont de lourdes et épaisses dalles en marbre noir, que l'on assure provenir aussi

Quoi qu'il en soit de ces détails, qui ont tous leur place dans l'histoire monumentale de Reims, Nicolas de Son nous a légué, en 1625, une estampe, chef-d'œuvre de son burin, qui fait à elle seule revivre dans toute son élégante harmonie le portail occidental de la basilique : au bas, sur le parvis, se déroulent les groupes populaires d'une foire, scènes naïves et réalistes qui plaisaient tant aux anciens maîtres, mais la main du graveur idéalise merveilleusement au-dessus cette architecture si simple et si noble, où les lignes, comme dans l'art grec, tenaient plus de place pour l'effet général que les ornements décoratifs. Cet artiste rémois, si intelligent interprète du gothique, comme le prouve son autre cuivre du portail de Notre-Dame, a donc bien mérité des arts, de l'archéologie et de l'histoire. On aime à relire les vers qu'il traça au pied de son EXCELLENT FRONTISPICE DE L'ÉGLISE DE L'ABAYE DE SAINCT-NICAISE DE REIMS (1).

Cette pièce, aussi rare que précieuse, est, à tous égards, une estampe historique, dont la planche est pompeusement dédiée à César-*Phœbus* d'Albret (2), que de Son nomme *Apollon*, en le comparant au soleil, qui embellit de sa lumière le célèbre portail :

des pierres tombales de Saint-Nicaise, et on lit sur le bord de l'une d'elles cette épitaphe :

...GIST - H.... HOME - ME FRANCOIS - THVRET - SIEVR - DE - LA - TOVR - ET - RECEVE - DES ..... DE - REIMS... — Nous serions très-reconnaissant aux personnes possédant de semblables épitaphes, de nous les signaler toutes, afin de les comprendre dans le recueil, que dresse l'Académie, des *Inscriptions historiques de Reims*. Les pierres elles-mêmes seraient reçues avec gratitude au nouveau Musée archéologique de l'Hôtel-de-Ville.

(1) Gravure sur cuivre au burin et à l'eau-forte, mesurant 0m,45 de hauteur sur 0m,30 de largeur.

(2) César-Phœbus d'Albret, comte de Miossans, maréchal de France (1614-1676). *Hist. génér. du P. Anselme*, t. VII, p. 581. — La cause qui fit dédier cette œuvre à ce prince, alors âgé de onze ans, reste pour nous un mystère. Son écusson, soutenu par deux anges, orne le bas de la gravure. Cfr. la *Notice sur N. de Son*, par M. Sutaine, dans les *Travaux de l'Académie de Reims*, t. XXXVI, p. 122.

Illmo PR. Ac D. D. Apollini De Albret, Ex Incl. Reg. Navar. Prosap. Oriund.

Dum nobis radians Apollo surgis,
Sacri limina pando sacra templi.
Num quas tot titulis mereris, dim (dum?)
Virtus ardua consecrabit aras?

Hoc limen radiis Apollo sæpe
Depinxit tenuique duxit umbrâ,
Quidni sub meliore luce fingam
Umbra limen idem perenniore?

N. de Son Rem. Fecit Sculp. et. ex. 1625.

Ce qui donne à la gravure de cet émule de Callot un charme unique parmi les nombreuses représentations de Saint-Nicaise, c'est la netteté des lignes, l'exactitude des traits, notamment pour les porches et tout le rez-de-chaussée, que cet artiste seul a rendus avec des détails appréciables (1). Après lui, sans doute, on voit encore avec intérêt la planche du *Monasticon Gallicanum*, celle du *Marlot latin*, celle du *Plan de Reims* par Legendre, et celle du *Spectacle de la Nature*, gravée par Ph. Le Bas (2). Mais il

(1) L'épreuve décrite ici est celle de la collection rémoise de MM. Saubinet et Ch. Givelet, qui renferme trente gravures et dessins offrant des vues ou des plans de Saint-Nicaise sous toutes ses faces. Une aquarelle donne l'aspect des ruines, mais sans plus de précision que les vues de Povillon et de Perseval. On grava à Reims les deux aspects de l'église avant sa démolition, en ayant soin d'indiquer la place du pilier branlant : *Vue du portail de la superbe église Saint-Nicaise, commencée en 1229 et démolie en 1798, Billet sculpsit.* — M. Hecart a peint un essai de restitution de l'intérieur.

(2) Voir aussi les planches et lire avec réserve le texte des chapitres consacrés à Saint-Nicaise, par M. Pr. Tarbé, dans les deux éditions de *Reims, ses rues et ses monuments*, 1844. — M. Ch. Givelet possède une ancienne peinture sur bois, très-finement exécutée, de la façade de Saint-Nicaise. Le Musée de Reims conserve une grande peinture sur toile du même portail, par N.-M. Perseval, et deux tableaux du même artiste représentant l'église en ruines, l'un pris du bas de la nef après l'effondrement des voûtes, l'autre offrant la vue latérale des piliers butants et des croisées. Consulter sur ces détails et sur l'appréciation des beautés de Saint-Nicaise, la note si compétente du *Catalogue historique et descriptif du Musée de Reims*, par M. Ch. Loriquet, 1881, p. 162. — Il existe à Sermiers une peinture ancienne, offrant la vue complète de l'abbaye et de l'église, avec quelques détails différent de ceux de la planche du *Monasticon Gallicanum.*

est surtout un grand plan de tout l'édifice, reproduit dans le *Marlot français*, dressé par Lefèvre, architecte de Reims au dernier siècle, et retrouvé par M. Brunette chez un épicier, qui donne avec une scrupuleuse exactitude le complément de la vue pittoresque et aérienne de Nicolas de Son. Avec ces deux éléments, il sera facile d'étudier un jour, dans une publication architecturale et technique, toutes les parties et toutes les merveilles de l'église anéantie. Une œuvre de ce genre, conçue et exécutée avec les ressources de la science et le fini de la gravure, conserverait un type précieux, facile à reproduire sur les mêmes proportions, en même temps qu'elle adoucirait l'inexprimable regret des Rémois.

Il est cependant une pensée consolante qui surgit des ruines de Saint-Nicaise, c'est qu'elles ont porté leur enseignement : ce spectacle, encore vivant chez les contemporains, fut, en effet, l'une des causes morales des décisions municipales qui, de 1828 à 1837, honorèrent tant la ville de Reims par le maintien, résolu à tout prix, de l'intégrité de l'église Saint-Remi. On avait dépensé, à cette dernière date, plus de 250,000 fr., et les travaux continuèrent. « Nous avons à nous féliciter, disait alors M. de Saint-Marceaux au conseil municipal, d'avoir conservé aux arts un modèle d'architecture, à la religion de nos pères un temple antique, et à l'histoire de Rheims un monument célèbre. »

L'honneur rémois se refusait à léguer un nouveau deuil à une cité déjà si éprouvée dans sa parure séculaire, en retranchant la nef romane du plus ancien de ses édifices. Bientôt, l'Etat vint aussi appuyer ces nobles efforts, et consacrer en outre les ressources du budget aux réparations de Notre-Dame. Puisse-t-on, du moins, comprendre et conserver désormais le caractère historique des deux grandes églises survivantes, et leur maintenir l'aspect que leur a donné une si longue vie à travers les âges ! Si l'on n'a pas encore accompli le vœu que M. Nanquette exprimait à la fin de sa monographie, de voir reproduire Saint-Nicaise dans un monument nouveau, du moins, on doit en raviver l'espoir, puisque l'accroissement de la population exigera bientôt l'augmentation du nombre de nos églises. Qui ne conserverait le sentiment sincère de la beauté de cette basilique, décrite par Marlot et par tant d'autres annalistes comme le joyau de Reims?

Elle reste inséparable des noms de Jovin et de Libergier, toujours vivante malgré sa destruction, comme il arrive aux vrais chefs-d'œuvre de l'art, qui se perpétuent dans les traditions de l'histoire et dans les études des hommes de goût.

H. J.

TABLE

Imp coop. de Reims, rue Pluche, 21 (N. Monce, dél.).

1

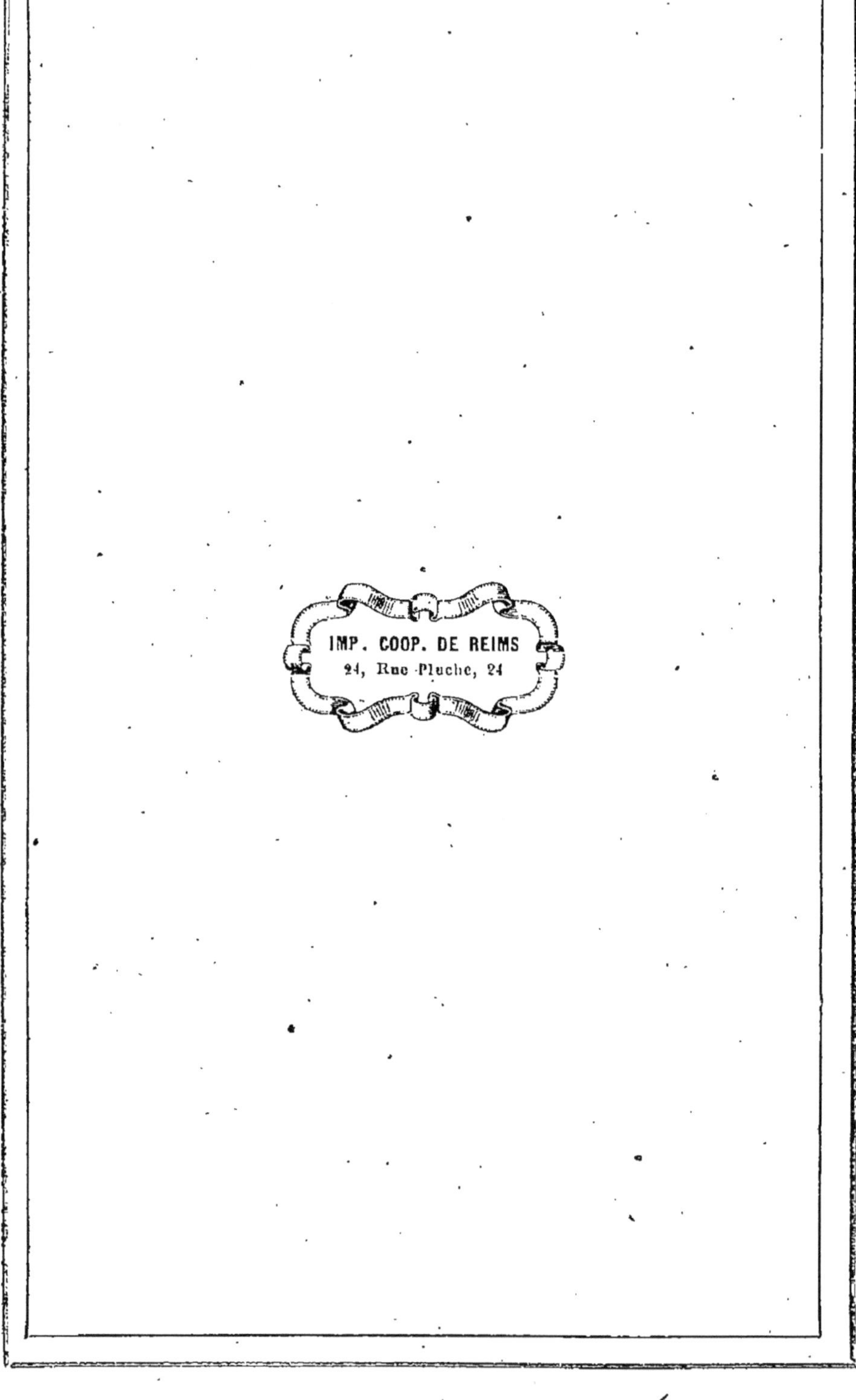
IMP. COOP. DE REIMS
24, Rue Pluche, 24

www.ingramcontent.com/pod-product-compliance
Lightning Source LLC
LaVergne TN
LVHW020414230826
846091LV00004B/1280

* 9 7 8 2 0 1 3 6 1 1 2 9 9 *